교육가족의 삶을 새롭게 디자인하는
공간혁신 이야기

교육가족의 삶을 새롭게 디자인하는
공간혁신 이야기

초판 1쇄 인쇄 2020년 12월 14일
초판 1쇄 발행 2020년 12월 21일

지은이 김영근, 오승환, 이현명
펴낸이 하인숙

기획총괄 김현종
책임편집 백상웅
디자인 정희정

펴낸곳 ㈜더블북코리아
출판등록 2009년 4월 13일 제2009-000020.호
주소 서울시 양천구 목동서로 77 현대월드타워 1713호
전화 02-2061-0765   팩스 02-2061-0766
포스트 post.naver.com/doublebook
페이스북 www.facebook.com/doublebook1
이메일 doublebook@naver.com

ⓒ 김영근·오승환·이현명, 2020
ISBN 979-11-91194-04-3 (03370)

교육가족의 삶을 새롭게 디자인하는

공간혁신 이야기

김영근, 오승환, 이현명 지음

더블북

추천의 글

'전남형 미래학교' 건설에 소중한 지침서이기를

어느 때보다 혁신이 강조되고, 미래교육에 관심이 고조되는 이 시기에 이 책이 발간됨을 뜻깊게 생각합니다. 코로나19로 인해 많이 힘들고 바쁘셨을 터인데도 열정을 불태워 책을 펴내신 김영근 장학사님, 오승환 선생님, 이현명 선생님께 존경의 마음을 전합니다.

아시다시피 2020년 한 해 우리를 힘들게 하고 있는 코로나19는 멀게만 느껴졌던 미래를 서둘러 불러들였습니다. 교육 현장은 더 가깝게 미래와 만났습니다. 어느새 원격수업도 어색하게 느껴지지 않았습니다. 경쟁과 효율성이 강조되는 교실 공유 교육 대신 협력과 배려의 인공지능 원격수업 시대가 활짝 열린 것입니다. 당연히 기존 교육의 패러다임은 바뀌어야 하고 이를 뒷받침할 인프라도 새롭게 갖추어야 합니다.

그런 점에서 전남교육청이 지난해부터 추진하는 '학교 공간혁신 사업'은 매우 선제적이고 시의적절한 정책이라 생각합니다. 학교 공간을 혁신해 미래 교육으로 나아갈 길을 닦고, 새로운 희망을 제시할 수 있기 때문입니다. 1년여 사업이 진행되면서 단위학교 별로 그 성과들도 속속 드러나고 있습니다. 성냥갑처럼 각진 건물, 네모난 교실 등 획일적이고 딱딱한 학교가 개성 있고 다양한 창의적 미래교육 공간으로 바뀌고 있습니다. 숲과 강, 들을 활용한 자연친화적 학교도 만들어지고 있습니다.

이제 학교 공간은 정형화된 틀에서 벗어나 미래교육을 실현할 수 있는 유연하고 창의적인 공간으로 바뀌어야 합니다. 공부와 쉼, 놀이가 공존하는 삶의 공간으로 거듭나야 합니다. 더 나아가 지역사회와 공간을 공유하고 지역민의 삶을 녹여내는 공동체의 중심 역할을 해야 합니다. 학교 공간혁신을 시설사업 개념으로 접근해서는 안 되는 이유입니다. 우리가 꿈꾸는 미래교육을 만들어가는 중요한 교육 활동이라는 사명감으로 사업을 진행해야 한다는 것입니다.

이 책이 그 길을 안내해주고, 불을 밝혀 주리라 기대합니다. 책에 담긴 현장의 생생한 이야기들이 전남교육이 추진하는 미래 학교 건설에 소중한 지침서가 되어줄 것이라고 믿습니다. 특히 이번 코로나19 위기 극복 과정에서 주목받았던 전남의 청정 자연환경을 효과적으로 활용할 수 있는 교육 공간을 꾸미는 데 유익한 길라잡이가 될 것입니다.

전라남도교육감 장석웅

학교의 가치를 더하는 공간 디자인

한국의 수출규모는 세계 7위, 1인당 국민소득은 3만 달러, 한국의 국제적 위상이 높아졌고 우리들의 눈높이도 높아졌다. 아파트, 카페, 백화점, 공원, 민관사무소 등의 환경은 현대적 감각으로 변하고 있다.

더하여, '코로나19'로 가족의 삶까지 변화하였다. 재택근무와 집콕 시간의 증가이다. 가족이 집안에 머물러 있는 시간이 많아지면서 가정환경에 대한 관심도 높아졌다.

그러나 학교의 모습은 어떠한가? 아버지 시대의 학교 모습이, 1970년대 내가 다니던 초등학교 시절의 모습이었고, 50년이 지난 2020년 지금에도 이어지고 있다. 무엇이 달라졌는지 의문을 가질 정도이다. 미래의 우리 자녀들도 이러한 환경에서 자라날 것이다.

이제 학교도 바뀌어야 한다. 학교가 삶의 공간이 돼야 한다. 우리들의 삶이 존중 받고, 재미있는 놀이가 있고, 끌어안고 보듬어 주는 곳, 휴식 있고 배움 있으며 변화와 성장이 있는 가치 있는 삶의 공간으로 변모해야 한다.

일찍이 학교가 삶의 공간이 되어야 한다는 철학을 가지고 학교 공간을 바꾸어 놓은 김영근 장학사님, 오승환 선생님, 이현명 선생님께 박수를 보냅니다. 세 분의 노력으로 전남 교육현장이 바뀌고 있습니다. 생각만으로 공간을 바꿀 수 없습니다. 실천해야 바꿀 수 있습니다.

"아름다운 공간은 아름다운 사람을 만들고 아름다운 사람은 아름다운 사회를 만듭니다."

손불서초등학교 교장 김영섭

교육부의 '학교시설 환경개선 5개년 계획'에 따라 2019년부터 학교 공간혁신 정책이 본격적으로 추진되고 있다. 여기에 더해 2020년 7월 정부가 발표한 '그린 스마트 스쿨' 정책은 학생들이 지속가능한 환경에서 교육을 받고 생활할 수 있도록 친환경 학교 공간 개선을 추구하고 있다.

이제 학교 공간은 정형화된 틀에서 벗어나 미래교육을 실현할 수 있는 유연하고 창의적인 공간으로 전환되고 있다. 또한 기계적인 학습을 위한 공간에서 학습과 쉼, 놀이가 공존하는 학생들의 삶을 존중하는 공간으로 바뀌고 있다. 더 나아가 학교 공간은 지역사회와 연계한 교육을 강화하고, 지역사회의 중심 역할을 할 수 있도록 학교 공간과 시설을 지역사회와 공유해 가야 한다.

학교 현장은 이러한 공간혁신 철학에 공감하면서도, 공간혁신을 우리 학교에서 실천하는 데는 부담을 크게 느끼고 있다. 각종 연수와 장학자료 등을 통해 '교육과정과 연계', '사용자 참여 설계', '프로젝트 수업으로 설계' 등의 용어에는 익숙해졌지만, 이는 공간혁신 실천의 부담을 가중시키는 요소이기도 하다. 우리는 가끔 이론을 강조하고 이론에 너무 깊이 빠져들수록 막상 이론을 실천하고 적용할 때 높은 벽에 부딪치기도 한다.

그 진입 장벽을 낮추고자 '2017~2018년 금성초등학교의 학교 단위 공간혁신 프로젝트(가족과 함께 트리하우스 만들기)', '2018~2020년 손불서초등학교의 학급단위 공간혁신 프로젝트', '2017~2019년 오룡초등학교의 창의융합협 과학실 구축 프로젝트' 사례를 중심으로 학교 현장의 공간혁신을 정리했다. 이 학교들의 사례에서 공통적으로 확인할 수 있는 것은 '공간혁신이 곧 학교혁신으로 이어진다.'라는 사실이다.

학교는 학습만이 아닌, 배움과 성장이 일어나는 공간이어야 한

다. 그러기 위해서는 학교 전체가 배움의 공간이 되어야 한다. 특히 공간혁신의 설계단계부터 학생들이 참여하면 학생 스스로 공간에 의미를 부여하면서 공간의 새로운 가치를 찾고 느낄 수 있다. 저자들이 제시한 사례들을 보면서 공간혁신에 대한 관심이 실천으로 이어지는데 있어서 작은 아이디어를 얻길 바란다.

김영근·오승환·이현명

| 차례 |

3부　이현명

창의융합형 과학실 만들기
<영역단위 공간혁신 프로젝트>

1부

우리 반 공간 바꾸기
〈학급단위 공간혁신 프로젝트〉

1

학교 공간혁신의 출발

교실 공간혁신 DIY

요즘 각종 매체에서 학교 건물의 건축 설계 문제점을 지적하며 학교 공간혁신의 필요성을 이야기하고 있다. 획일화된 학교 공간이 학생들의 개성과 창의성을 억압하고 미래 사회의 인재를 길러내는 수업이 이뤄져야 할 교실은 여전히 과거에 머물러 있다.

이러한 학교 건축의 문제는 1960년, 1970년대 급격한 인구 증가로 인한 교실 부족 문제에서 시작된다. 당시 학령 인구 증가로 인한 '과밀 학급', '과대 학교'와 같은 현상이 심각했다. 학교를 대량생산해야 했다. '학교시설 표준설계도'를 적용해 시간과 비용을 절감하고 공간 활용을 극대화하기 위해 일자형 복도와 직사각형 교실의 모습을 지닌 학교가 복제됐다. 교육의 질보다는 경제적 효율성의 가치가 우선되는 상황이었다.

그 이후 학교 공간은 진화해왔을까? 지금까지 교육 여건 개선을 위한 투자와 노력은 지속됐다. 여러 가지 정책을 통해 학교 시설을 개선하고 4차 산업혁명 시대에 대응하기 위해 교실마다 고가의 전자칠판을 설치하는 등의 노력을 해왔다. 그러나 조달청 등에서 선택할 수 있는 책상과 의자 같은 가구들은 천편일률적으로 똑같으며 이런 가구로 채운 교실 또한 지역과 학급을 막론하고 똑같은 풍경을 만들어낸다. 교실 공간은 여전히 기능적으로 획일화돼 있고 딱딱한 분위기에서 벗어나지 못하고 있다.

이러한 학교 공간 문제를 해결하기 위해 최근에는 국가 차원에서 '학교환경개선 5개년 계획', '스마트 그린 스쿨'과 같은 학교 공간혁신 사업을 추진하고 있다. 2020년에 등장한 '스마트 그린 스쿨' 사업을 구체적으로 살펴보면 학교 공간혁신을 통해 미래형 교육 환경, 안전하고 쾌적한 온 오프라인 융합형 학습 공간 구축을 위해 투자를 하겠다는 내용이다.

향후 5년 동안 전국 초·중·고교 약 40,000동 중 40년이 경과한 건물을 선별해 2,835동에 약 18조 원의 예산을 투입한다. 그러나 사업 대상이 되는 학교가 전체 10%도 안 되며 학교 공간혁신이 교육 현장 전반에 확산되려면 막대한 비용과 시간이 필요해 보인다.

국가 차원의 학교 공간혁신 사업은 신축 이전, 증축 개축, 리모델링 유형으로 진행되기 때문에 많은 예산이 필요하다. 또한 촉진자, 건축가가 참여하는 전문가가 주도하는 방식으로 진행된다. 그러나 학교 공간혁신의 문턱을 조금 낮춰서 학교 스스로 혁신의 중심에 서는 것을 어떨까? 많은 예산을 들이지 않고 가구 재배치와 페인트 칠, 소품 활용 등 간단한 방법으로 교실부터 바꿔 나가보면 어떨까? 홈스테이징이나 DIY같은 개념을 교실 공간에 적용한다면 사소한 변화로도 충분히 교실 분위기를 바꿀 수 있다.

책상과 의자가 모두 똑같아야 할까? 교실 벽에 그림을 그리면 어떨까? 교실에 숨을 수 있는 다락방 같은 공간이 있으면 아이들이 행복할까? 학교 숲에 아지트를 지으면 어떨까?

이러한 질문들을 건축 전문가만이 대답을 할 수 있는 것은 아니다. 이 책의 사례들은 교육 공동체의 협력과 열정이 있다면 학교의 힘만으로도 학교 공간혁신이 가능하다는 것을 보여준다. 용기가 안 나면 작은 것에서부터 시작하고 기능이 없다면 도움을 받으면 된다. 예산이 부족하면 가지고 있는 것으로 시작할 수 있다. 학교 스스로 '학교 공간혁신 DIY'가 가능하다는 것을 보여 준다.

혁신은 버리는 일에서 시작된다

교실 공간혁신은 버리는 일에서 시작됐다. 학기 초 교장 선생님은 불필요한 가구들을 교실에서 빼내자고 제안하셨다. 여유 공간을 확보하고 쾌적한 교실을 만들자는 생각에 모두 동의했다. 교실마다 수납장이 쏟아져 나왔다. 교사들은 잡다한 교구와 학급문고가 그대

그림1 교실

로 보이는 수납장이 교실을 어수선하게 만든다고 생각했다. 옷장, 테이블, 책상 등 불필요한 가구들을 빼내자 교실이 한결 쾌적했다.

사실 교실 가구는 함부로 폐기하면 안 된다. 학교의 물품들은 정해진 내용 연한을 초과해야만 폐기 처분할 수 있기 때문이다. 내용 연한을 초과하더라도 사용하는 데 지장이 없는 물품을 폐기하는 것은 낭비이기도 하다. 폐기할 수 없는 가구들은 별도의 공간에서 수납장으로 활용하는 것으로 이 문제를 해결했다.

다음은 게시판이었다. 교실 뒷면을 장식하고 있는 초록색 게시판을 뜯어버리자는 것이다. 교장 선생님은 게시판의 교육적 가치보

그림2 교실 뒷벽

다 게시판을 채우는 시간을 절약해 수업 준비에 집중하는 것이 더 중요하다고 교사들을 설득했다. 교사들은 게시판이 없는 교실을 상상해본 적이 없어 혼란스러웠다.

게시판은 교실의 첫인상을 좌우한다. 압도적인 사이즈로 교실 뒷면을 차지해 교실을 방문하는 사람들의 눈길을 끈다. 사람들은 게시판을 통해 교육 활동을 짐작하게 마련이다. 그만큼 게시판은 교실 환경의 중요한 부분을 차지한다. 누구에게 보이기 위해 게시판이 있는 것은 아니지만 교사에게 부담을 주는 것은 사실이다. 우여곡절 끝에 게시판도 철거했다. 교실 분위기는 한결 가벼워졌다. 공간의 여백이 공간에 머무는 사람을 여유 있게 했다. 칠판, 게시판, 수납장 등으로 4면이 가득 찬 기존의 교실이 얼마나 답답한 공간이었는지 알게 했다.

비어 있는 공간은 아무런 기능을 하지 않는 것 같지만 오히려 가능성의 공간이 된다. 여백은 비어 있음으로 채우고 싶은 욕구를 불러일으키고 상상력을 자극하는 효과가 있다. '교실 비우기'는 교사들에게 빈 캔버스 앞에 선 예술가가 되게 했다.

교실 공간혁신이 가능하게 하는 것

비워낸 교실을 다시 채워나가는 과정은 교사와 학생들이 교실의 주인이라는 것을 체험하는 일이었다. 교사와 학생들이 공간주권을 행사하기 위해서는 교실을 자유롭게 디자인할 수 있는 권한을 얻어야 한다. 교육과정의 자율성뿐만 아니라 교육공간에 대한 자율성도 보장받을 때 교실 공간혁신이 가능하다.

교실 사용자인 교사와 학생들의 '뜻대로' 할 수 있는 분위기는 지금까지 본 적 없는 교실들이 나타났다. 각 교실들은 사용자들의 특징과 개성이 반영돼 다채롭게 변모해 갔다. 교실의 모습이 저마다 달라지는 것은 공간을 통해 교실 사용자의 정체성을 드러내는 일이기도 하다. 사용자가 추구하는 삶의 모습이 공간을 통해 드러나기 때문이다.

우리 학교는 전교생이 30명 내외인 소규모 학교이다. 교실의 여유 공간이 많다는 이점이 살려 다양한 방식으로 교실 공간혁신이 진행됐다. 수업을 통해 학생들이 직접 벽돌을 붙이고 벽화를 그리거나 교실에 필요한 가구를 직접 선택하기도 했다. 벙커 침대와 같

그림3 2학년 교실

그림4 2학년 교실 뒷면

그림5 3학년 교실 벽화

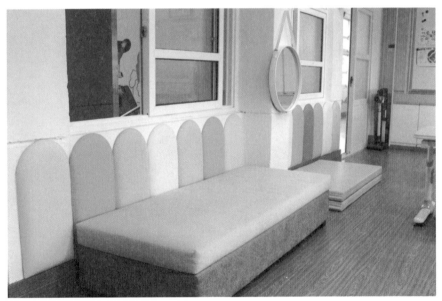

그림6 3학년 교실 복도 쪽

그림7 4학년 교실 복도

그림8 5학년 교실 뒤쪽

그림9 6학년 교실

은 기성품을 활용해 필요한 공간을 만들거나 소규모 공사를 한 교실도 있다.

신축 이전, 증축 개축, 리모델링 외에 학교 자율적인 방식으로 공간혁신을 가능케 한 사례로 여겨지고 있다.

그림10 1학년 교실 360도 영상

그림11 2학년 교실 360도 영상

그림12 3학년 교실 360도 영상

그림13 4학년 교실 360도 영상

그림14 5학년 교실 360도 영상

그림15 6학년 교실 360도 영상

디자인으로 풀어가는
교실 공간혁신

교실 공간혁신을 '디자인하다'

교실 공간을 혁신한다는 것

현대를 살아가는 대부분의 사람들이 하루 90% 이상의 시간을 인공건축물에서 생활한다. 우리는 병원이라는 건축물에서 태어나 학교를 다니고 식당에서 밥을 먹고 집에서 잠을 잔다. 이러한 공간에서 벗어난 삶은 상상하기 힘들다. 누군가의 삶을 이야기할 때 건축공간은 필수적인 요소가 되는 것이다. 따라서 공간을 규정할 때 물리적 시각적으로 인식하는 공간의 의미를 넘어 그 안에서 일어나는 삶의 경험과 관련지을 필요가 있다.

교실 역시 교실에 머무는 사람들의 관점으로 바라봐야 한다. 교사나 학생들은 잠을 자는 시간을 제외한 시간 대부분을 교실에서 보낸다. 그들에게 교실은 배움의 공간이면서도 놀기도 하고 쉬기도 하는 삶의 공간이다. 따라서 교실 공간은 '학습활동을 하는 장소'로 보는 시선보다 '삶의 장'으로 이해할 필요가 있다.

이러한 교실 공간의 의미는 교실 공간혁신이 '보기 좋은 교실'이 아닌 '살기 좋은 교실'을 지향해야 함을 뜻한다. 살기 좋은 교실이라는 지향점은 상당히 어려운 문제다. 왜냐하면 삶의 공간으로써 교실 공간이 추구해야 할 가치가 행복, 창의성, 소통, 힐링과 같이 눈이 보이지 않는 추상적인 개념들이기 때문이다. 또한 교실 공간혁신을 위해 사용자들이 교실 공간을 어떻게 받아들이고 있는가를 파악하는 것이나 새로운 교실 공간이 사용자들에게 어떻게 받아들여질지 예측하는 것은 복잡한 문제다. 따라서 교실 공간혁신이 단지 '변화'의 수준에 머무는 게 아니라 교육과 삶의 질을 향상시키는 '혁신'의 수준이 되려면 효과적인 문제 해결과정이 필요하다.

'디자인하다'의 의미

오늘날 디자인은 전통적인 디자인의 영역을 넘어 다양한 분야에서 혁신적인 아이디어와 해결책을 도출하는 창의적 문제 해결 프로세스로써 활용되고 있다. 디자인은 문제의 본질에 접근하기 위해 독특한 사고방식과 문제 해결 과정을 적용해서 학교 공간혁신과 같은 난해한 문제들을 해결하는데 특화돼 있다. 따라서 교실 공간혁신에 디자인을 적용할 필요가 있다.

"거의 매순간, 우리가 하는 모든 것은 디자인이다. 글을 쓰고, 벽화를 그리고, 협주곡을 작곡하고, 책상 서랍을 정리하거나, 애플파이를 굽거나, 야구 게임 팀을 짜고 그리고 어린이를 교육하는 것도 디자인이다."

디자이너 빅터 파파넥은 그의 저서『인간을 위한 디자인』에서 모든 사람은 디자이너라고 하면서 위와 같이 디자인을 정의했다. 그는 삶에서 겪는 모든 문제들을 해결하는 과정, 즉 문제─해결 활동으로서의 모든 행동이 디자인이라고 했다. 그의 말에 따르면 디자인의 대상은 외형을 가진 물질의 영역을 넘어서 인간의 정신 활동까지 확장될 수 있다는 말이 된다. 그렇다면 디자이너는 어떤 방식으로 디자인할까? 한 일화에서 디자이너가 하는 일에 대해 이해해 볼 수 있다.

디자인 회사의 새내기 디자이너였던 패트리샤 무어는 노인을 위한 제품을 만들고자 했다. 패트리샤 무어는 노인들의 문제에 공감하기 위해 자신이 직접 노인으로 살아가는 방법을 떠올렸다. 문제의 본질에 다가가기 위해서는 설문조사나 인터뷰 같은 방법으로는 한계가 있다고 생각했기 때문이다.

패트리샤 무어는 실제로 노인과 비슷한 상황에 처하기 위해 귀를 솜으로 막아 잘 들리지 않도록 하거나 도수가 안 맞는 안경을 썼다. 심지어 다리에는 나무 판지를 대어 걷기 힘들게 했다. 노인에도 다양한 종류가 있다는 생각에서 가난하고 건강하지 않은 할머니, 돈이 많고 건강한 할머니 등 재력과 건강 등의 조건을 달리해 9명의 다양한 노인으로 변장했다.

이 실험은 1979년부터 약 3년간 미국과 캐나다 일대에서 진행됐다. 패트리샤 무어는 이 실험을 통해 얻은 것을 디자인에 반영해 소리 나는 주전자, 바퀴 달린 가방, 양손잡이 가위 같은 노인을 위한 혁신적인 제품을 만드는데 성공했다. 패트리샤 무어가 노인 분장을 하면서까지 노인의 세계에 뛰어들지 않았다면 이런 디자인을 할 수 있었을까?

그녀의 목표는 많이 팔리는 제품을 만드는 게 아니라 노인들이 행복한 삶을 살 수 있는 사회를 디자인하는 것이었다. 이처럼 디자인은 문제 해결을 위해 '외형을 디자인하는 것'보다 '문제에 대한 마인드'와 '문제에 어떻게 접근할 것인가'를 우선 고민한다. 마찬가지로 우리가 교실 공간혁신에 디자인을 적용한다는 것은 인간을 먼저 생각해야 한다는 철학적 비전을 제시해 준다고 할 수 있다. 즉 교실 공간을 디자인한다는 것은 곧 그 안에 살아가는 사람들의 삶의 모습을 디자인하는 것과 같다.

디자인씽킹

디자이너가 문제를 해결하는 방식과 사고의 흐름을 '디자인씽킹'이라고 한다. 디자인씽킹은 디자인 사고, 디자인적 사고라는 이름으로도 불리며 교육 분야에 활용되고 있다. 대표적으로 교육현장의 문제를 해결하기 위해 디자인씽킹을 적용한 IDEO와 Riverdale의 디자인씽킹의 정의는 다음과 같다.

'일종의 마음가짐(mindset)이며, 우리가 변화할 수 있다고 믿는 것이고, 세상에 긍정적인 영향을 주는 새로운 솔루션을 도출하기 위한 체계적인 문제 해결과정'(IDEO& Riverdale, 2012)

학자나 기관별로 디자인씽킹을 다르게 정의하고 있으나 공통적으로 디자인씽킹의 '마음가짐'을 중요시하고 있다. 마음가짐은 문제를 바라보는 관점, 문제를 해결하는 태도와 사고방식 등으로 구성되는데 학자나 기관에 따라 다르게 제시된다. 중복되는 부분을 정리하면 10가지 정도 된다.

마음가짐

1. 사용자 중심으로 생각하기

2. 생각을 말로 설명하지 말고 시각적으로 보여주기

3. 실험을 열렬히 환영하기

4. 프로세스에 유념하기

5. 명료하게 하기

6. 무조건 협력하기

7. 직접 만들어 보며 생각하기

8. 모호함에 관대하기

9. 낙관주의 태도 갖기

10. 미래지향적 태도 갖기

디자인씽킹의 정의에서도 알 수 있듯이 디자인씽킹은 프로세스보다 '마음가짐'을 강조하고 있다. 디자인씽킹의 프로세스를 그대로 따라한다고 해서 디자인씽킹이 추구하는 가치가 구현되기 힘들기 때문이다. 따라서 디자인씽킹을 수업에 적용하기 위해서는 수업 주제에 적절한 마음가짐을 설정할 필요가 있다. 어떠한 마음가짐을 설정하느냐에 따라 수업의 목표나 해결의 방향이 달라지고 그 과정에서 얻게 될 경험에 차이가 발생할 것이기 때문이다.

교실 공간 디자인 수업을 설계하기 위해 디자인씽킹의 개념과 마음가짐에서 추출한 수업전략은 다음과 같다.

1. 다른 사람을 위한 디자인이 돼야 할 것

2. 협력을 강조하는 팀워크 활동으로 구성할 것

3. 이해하기 쉽게 시각적으로 소통할 것

4. 디자인씽킹의 마음가짐과 태도를 기르는 것을 목표로 할 것

5. 교과 융합으로 재구성할 것

6. 근거를 가지고 아이디어의 결정할 것

7. 교사와 학생은 한 팀일 것

8. 디자인씽킹의 프로세스를 적용할 것

9. 낙관주의 태도 갖기

10. 미래지향적 태도 갖기

교실 공간 디자인 수업 설계를 위한 8가지 전략

1. 다른 사람을 위한 디자인이 돼야 할 것

첫 번째 수업전략은 디자인씽킹의 첫 번째 마음가짐 '사용자 중심으로 생각하기'에서 도출한 것이다. 디자인의 의미에서 살펴본 것처럼 삶의 모든 문제를 해결하는 과정은 디자인과 다를 게 없다. 그것은 모든 디자인 문제는 인간의 삶과 관련이 있다는 뜻으로 디자인씽킹 또한 인간의 가치에 중점을 둔다. 따라서 문제를 본질적으로 해결하기 위해서는 인간을 이해하는 것이 우선돼야 한다. 앞서 예를 든 패트리샤 무어가 노인의 삶이 더 나아지기를 바라는 마음으로 문제 해결을 시작하는 것과 같은 맥락이다.

따라서 사용자에 대한 '공감'이 프로세스의 출발점이 된다. 공감은 다른 사람에 대한 관심으로 시작된다. 사용자와의 공감을 통해 사용자의 문제가 무엇인지 무엇을 필요로 하는지 파악할 수 있기 때문이다. 이렇게 사용자 중심으로 디자인됐을 때 결과적으로 사용자의 만족도를 높일 수 있다. 이러한 디자인 철학을 사용자 중심 디자인(user centered design)이라고 한다.

사용자 중심 디자인은 사용자가 공간을 어떻게 사용하고 있고 어떻게 사용하게 될지에 대한 분석과 예상하는 과정이 필요하다. 가장 효과적인 방법은 사용자를 디자인 과정에 참여시키는 것이다. 가장 좋은 솔루션이 무엇인지는 바로 현장에 있는 '사용자'들이 알고 있기 때문이다. 공공 건축과 학교 건축에서 사용자 참여를 강조하고 있는 이유다. 따라서 교실 공간 디자인 수업은 사용자들의 요구(Wants)와 필요(Needs)를 효과적으로 반영할 수 있는 기회 제공해야 한다.

또한 참여는 사용자의 공간주권 의식이 싹트는 계기가 된다. 참여는 학생들이 교실 공간에 대해 관심을 기울이는 태도를 지니도록 하며 결과에 대한 평가와 공간의 관리에 대한 책임과 권한을 이양받는 과정까지 참여가 이어지면서 문제를 민주적으로 해결하는 경험을 하게 한다.

2. 협력을 강조하는 팀워크 활동으로 구성할 것

디자인씽킹은 협력을 가치를 중요시한다. 혼자서 하는 것보다 여럿이 머리를 맞대면 강력한 문제 해결 능력을 갖게 된다고 강조한다. 따라서 수업은 학생들이 협력을 필요로 하는 문제 상황을 겪도록 할 수 있어야 한다. 문제 해결을 위해 경쟁을 부추기지 않고 위해 각자의 역할을 찾아 협력할 수 있도록 유도한다. 그런 의미에서 협력을 통한 문제 해결을 경험하기 위해 공간 디자인은 좋은 수업 소재가 된다. 건축은 하나의 건축물을 만들기 위해 여러 분야의 사람들이 협력한다는 특징이 있기 때문이다.

3. 이해하기 쉽게 시각적으로 소통할 것

가장 중요한 핵심은 사용자들이 자신의 아이디어를 익숙한 언어로 표현할 수 있도록 기회를 주는 것이다. 교사들은 말로 설명하는 것보다 시각적 감각적 자료를 적용했을 때 학생들이 보다 쉽게 이해한다는 것을 경험적으로 알고 있다. 따라서 원활한 상호작용을 위해서는 보이지 않는 것을 보이게 하는 시각화가 중요하다.

시각화할 수 있는 도구들은 그림, 사진, 모형, 스토리텔링 등 다양하다.

4. 디자인씽킹의 마음가짐과 태도를 기르는 것을 목표로 할 것

디자인씽킹은 문제 해결의 결과보다는 그 과정에 참여하는 학생들의 태도와 경험에 더욱 중점을 두고 있다. 따라서 디자인 교육의 목표 중 하나는 디자이너가 활용하는 '마음가짐'과 '프로세스'를 활용해 문제를 해결해 보면서 참여하는 학생들의 '문제 해결 역량'을 기르는 것이다.

5. 교과 융합으로 재구성할 것

수업에 적용하려는 디자인씽킹의 프로세스는 공감―문제 정의 ―아이디어 발상―시안 만들기―검증하기의 5단계로 상당한 시간 이 필요하다. 따라서 교실 공간이라는 주제 중심으로 교육과정을 재구성해 시수를 확보한다.

또한 교실 공간은 건축의 복합적인 학문적 요소를 담아낼 수 있 는 주제이기도 하다. 미술 교과 외에도 국어, 사회, 수학, 실과 등 다 양한 교과에서도 건축적인 요소를 찾아볼 수 있다. 교실 공간 디자 인 수업은 교과에 녹아 있는 건축적 요소들을 모아서 융합 교육을 실현할 수 있는 구심점이 될 수 있다.

6. 근거를 가지고 아이디어를 결정할 것

이 수업에서 교실 공간은 디자인 교육을 위한 수업 '텍스트'다. 큰 돈을 들이는 리모델링이나 인테리어의 대상이 아니다. 집으로 생각 하면 옷장이나 침대 같은 가구들의 위치를 옮기는 정도다. 또 돈을 조금 써서 가족들과 오래된 가구를 리폼하거나 새 가구를 사거나 커튼을 바꾸는 일과 같다.

수업에서는 체계적으로 문제를 해결하기 위해 디자인씽킹의 프 로세스를 적용한다. 그 과정에는 가구의 위치, 커튼의 색이 인간의 인지와 행동에 어떤 영향을 미치는지 알아보는 과정이 있어야 한다. 단지 경험이나 직관으로 커튼의 색을 선택해서는 안 된다.

본질적으로 디자인은 미래를 예측하는 행위다. 예측의 정확성을 높이기 위해서는 근거를 기반으로 논리적인 과정을 거쳐야 한다. 잘못 고른 커튼을 다시 바꾸기는 힘들다.

7. 교사와 학생은 한 팀일 것

이 수업에서 학생들은 교실 공간의 사용자이면서도 디자이너이기도 하다. 교사 역시 수업을 진행하는 사람으로서 디자이너와 사용자의 역할을 겸한다. 교사는 학생과 한 팀이다. 팀에서 교사의 역할은 경험 많은 선배처럼 팀을 이끌어 가는 것이다. 디자인씽킹을 처음 접하는 팀원들을 위해 단계마다 판을 짜고 목적지에 도착할 때까지 다리를 놓아 주는 존재다.

8. 디자인씽킹의 프로세스를 적용할 것

IDEO의 〈교육자를 위한 디자인 사고 툴킷〉의 프로세스를 적용해 교실 공간 문제를 디자인씽킹으로 풀어본 수업 사례다. 그러나 모든 문제는 모두 다른 프로세스가 필요하듯이 주제에 따라 프로세스를 변형하거나 단계를 추가 삭제하는 등 툴킷을 재구성했다.

교실 공간은 복도나 도서관처럼 사용자가 많고 공공성이 강한 경우와 다소 차이가 있다. 현재 대부분의 교실들은 폐쇄적인 구조로 지어져 있어 구성원들만의 사적인 공간이라고 할 수 있다. 따라서 공간혁신이 학교단위인지 도서관이나 교실인지에 따라 적용해야 할 프로세스는 달라진다.

디자인씽킹의 프로세스는 정형화돼 있지 않고 유동적으로 과정의 추가와 보완하거나 생략하거나 다른 활동으로 대체할 수 있다는 특징이 있다. 예를 들어 우리 교실에 대한 문제점을 찾기 위해 딱딱한 설문조사보다는 '다른 반과 1주일 동안 교실 바꿔보기' 같은 좀 더 흥미로운 활동을 해 볼 수도 있다. 즉 사용자의 수준에 맞도록 재미있고 효율적인 도구들을 적용할 필요가 있다.

디자인씽킹의 정의가 다양했듯이 디자인씽킹의 프로세스 모델 또한 다양하다. 그중에서 디자인 사고를 교육에 적용하기 위해 만들어진 IDEO의 '교육자를 위한 디자인사고 툴킷'의 프로세스를 수업에 활용했다. 이 툴킷의 프로세스는 다음과 같다.

IDEO의 〈교육자를 위한 디자인 사고 툴킷 프로세스〉

단계	정의	활동
발견하기	해결할 문제가 있다. — 나는 이 문제에 어떻게 접근할 것인가?	1-1. 챌린지 이해하기 1-2. 조사 준비하기 1-3. 영감 수집하기
해석하기	무엇인가 배웠다. — 나는 이것을 어떻게 해석할 것인가?	2-1. 이야기 해보기 2-2. 의미 찾아보기 2-3. 기회 포착하기
아이디어 내기	기회를 포착했다. — 나는 무엇을 만들어낼 것인가?	3-1. 아이디어 만들기 3-2. 아이디어 다듬기
실험하기	아이디어가 있다. — 나는 이것을 어떻게 만들어낼 것인가?	4-1. 프로토타입 만들기 4-2. 피드백 받기
발전시키기	새로운 것을 시도했다. — 나는 이것을 어떻게 발전시킬 것인가?	5-1. 평가해보기 6-1. 다음 계획 세우기

3

교실 공간 디자인 수업

주제 1: 공간을 아름답고 쓸모 있게

이 수업은 학생들이 디자인싱킹의 프로세스를 경험하는 것에 의의를 두고 진행됐다. 이 수업은 디자이너가 가족들이 사는 집을 디자인하기 위해 진행하는 프로세스와 닮아 있다고 할 수 있다. 즉 학생들은 사용자이면서 디자이너의 역할을 경험할 수 있다.

〈 프로젝트 전개 과정 〉

디자인씽킹 프로세스	프로젝트 과정	주제 및 주요 활동	성취기준
발견하기	◆ 도전 과제의 발견	▷교실 공간에 대한 소망과 불만 표현하기 ▷프로젝트 주제 정하기 ▷프로젝트 수업 계획하기	[6실03-04]쾌적한 생활 공간 관리의 필요성을 환경과 관련지어 이해하고 올바른 관리 방법을 계획하여 실천한다.
	◆ 공감으로부터 영감 얻기	▷디자인 영감을 얻기 위한 준비 ▷서비스 사파리 ▷관찰하기	[6미01-02] 대상이나 현상에서 시각적 특징을 발견할 수 있다.
해석하기	◆ 문제 해결 방향 정하기	▷현장에서 경험한 것 공유하기 ▷정보 해석하기	[6국01-02] 의견을 제시하고 함께 조정하며 토의한다.
아이디어 내기	◆ 아이디어 내기	▷아이디어 도출 및 구체화	[6미02-03] 다양한 자료를 활용해 아이디어와 관련된 표현 내용을 구체화할 수 있다.
실험하기	◆ 프로토타입 만들기	▷프로토타입 만들기 ▷필요사항 확인하기	[6미02-01] 표현 주제를 잘 나타낼 수 있는 다양한 소재를 탐색할 수 있다.
	◆공간 만들기	▷공간 만들기	[6미02-01]
발전시키기	◆공간 평가하기	▷공간체험 및 평가	[6미03-04] 다양한 감상 방법(비교 또는 단독 감상. 내용 또는 형식 감상 등)을 알고 활용할 수 있다.

수업 자세히 들여다보기

발견하기

발견하기 단계는 우리가 도전할 과제를 명확하게 정의하고, 그 과제에 어떻게 접근할 것인지 고민하는 단계이다. 그러기 위해서는 우선적으로 사용자에 대한 '공감'이 필요하다. 공감은 사용자가 진정으로 원하는 것이 무엇인지를 이해하는 데서 시작된다. 따라서 이 단계는 사용자의 욕구를 파악하기 위한 활동들이 포함돼야 한다. 공감은 도전 과제 대한 이해도를 높여 주고 앞으로 진행되는 프로세스에서 아이디어를 내는 밑거름이 된다. 즉 이 단계는 우리는 진정한 문제를 발견할 수 혜안과 문제 해결을 위한 영감을 얻는 단계라고 할 수 있다.

디자인씽킹 프로세스	수업 과정	주제 및 주요 활동	성취기준
발견하기	◆ 도전 과제의 발견	▷교실 공간에 대한 소망과 불만 표현하기 ▷프로젝트 주제 정하기 ▷프로젝트 수업 계획하기	[6실03-04]쾌적한 생활공간 관리의 필요성을 환경과 관련지어 이해하고 올바른 관리 방법을 계획하여 실천한다.
	◆공감으로부터 영감 얻기	▷디자인 영감을 얻기 위한 준비 ▷디자인 사파리 ▷관찰하기	[6미01-02] 대상이나 현상에서 시각적 특징을 발견할 수 있다.

수업에 참여하는 학생은 4명뿐이지만 생각을 표현하는 방식은 각각이다. 한 학생은 질문을 던지면 곧바로 생각을 말로 나타낸다. 그러나 어떤 학생은 생각을 말로 표현하는 것보다 글이나 그림으로 표현하는데 익숙하다. 따라서 사용자의 특성에 따라 적용해야 할 도구들이 달라져야 한다. 이 수업에서는 말로 표현한 후에 소망하는 교실을 간단하게 그려 보도록 했다.

그림16 소망

아이들이 상상한 교실에는 레드카펫, 레슬링 링, PC방, 카페와 같은 황당한 아이디어가 나온다. 이를 교사는 인정받고 싶은 욕구, 재미와 놀이 공간에 대한 욕구, 스마트 기기 활용의 필요성 등으로 해석할 필요가 있다.

▷ 프로젝트 주제 정하기

불만과 소망에서 발견한 문제를 도전을 위한 과제로 바꾸는 단계다. 불만이나 소망을 '어떻게 하면 ～할 수 있을까?(HMW: How Might We)'처럼 질문으로 표현하면 실천 가능성과 도전 의식이 발생하게 된다. 도전 과제는 해결 가능하다고 보이고 쉽게 이해되며 행동으로 옮길 수 있다는 생각이 드는 문장일수록 좋다. 아이들의 불만과 소망을 도전 과제로 변환해 프로젝트 주제로 삼는다.

교실 공간에 대한 불만과 소망	
교실에 필요 없는 물건이 많다.	피곤할 때 누워서 쉬고 싶다.
교실에서 재미 요소가 있으면 좋겠다.	편안한 자세로 독서할 수 있는 공간이 필요하다.
컴퓨터를 이용할 수 있는 공간이 있으면 좋겠다.	스마트폰을 충전하면서 이용할 수 있는 공간이 있으면 좋겠다.

학생들은 당연히 스마트폰과 컴퓨터를 위한 공간을 우선적으로

원했다. 그러던 중 학생들은 양심에 걸렸는지 스마트폰과 컴퓨터 그리고 독서도 할 수 있는 공간이면 좋겠다고 생각을 수정했다. 그리고 그 공간의 이름은 피시방과 인터넷을 결합한 PE방(정확히는 PI방이라고 불러야 한다고 말해주긴 했다)이라고 했다. 그리하여 프로젝트의 도전 과제는 '어떻게 하면 우리가 바라는 PE방을 만들 수 있을까?'가 됐다.

▷ **프로젝트 수업 계획하기**

질문으로 된 도전 과제에 답하면서 프로젝트의 과정을 체계화하는 단계이다. 도전 과제에 대한 대답과 아이디어들을 구조화하면 그것이 곧 프로젝트 수업의 과정이 된다. 도전 과제에 접근하기 위한 아이디어를 생성할 수 있는 질문은 다음과 같다.

　　－우리가 바라는 공간은 어떤 모습인가?
　　－이 프로젝트에서 우리가 얻는 것은 무엇일까?
　　－이 프로젝트의 성공의 기준은 무엇인가?
　　－우리가 실천할 수 없는 한계점은 무엇일까?
　　－우리가 사용할 수 있는 시간과 예산은 얼마 정도인가?
　　－우리는 어떤 마음가짐으로 프로젝트를 진행해야 하는가?

교사는 이런 종류의 질문을 하면서 도전 과제 해결을 위해 앞으로 해야 할 일들을 생각해 본다. 이 과정에서 프로젝트의 최종 목표와 평가를 위한 기준이 자연스럽게 도출된다. 그러나 프로젝트를 진행하면서 과제를 깊게 파고들다 보면 프로젝트의 방향과 계획이 수정될 수도 있다. 따라서 처음부터 모든 계획을 철저하게 세울 필요는 없다.

▷ 디자인 영감을 얻기 위한 준비

우리는 우선 디자인 영감을 얻기 위해 PE방과 비슷한 기능을 가진 장소를 찾았다. 그러다 학생들은 PC방이 떠올랐는지 PE방에 대한 영감을 얻기 위해서 PC방을 방문할 필요는 없다고 판단했다. 왜냐하면 충전기와 노트북만 있어도 아이들이 원하는 PE방의 기본적인 기능을 다 할 수 있기 때문이다. 그래서 독서공간에 초점을 두고 프로젝트를 진행하기로 했다. 도전 과제명도 '어떻게 하면 우리가 바라는 독서 공간을 만들 수 있을까?'로 변경되었다.

우리는 서비스 사파리(service safari)를 하기로 했다. 서비스 사파리는 관찰 도구의 하나로 디자이너가 사용자의 입장에 되어 직접 서비스를 경험하면서 관찰을 병행하는 방법이다. 보다 활동적인 방법으로 학생들이 흥미롭게 참여할 수 있고 관찰만으로 발견하기 힘든 것을 찾을 수 있다는 장점이 있다.

방문할 장소를 선정하기 위해 '독서하기 좋은 공간을 제공하는 곳', '독서하고 싶게 만드는 공간'을 찾았다. 우리는 북카페, 어린이 도서관, 서점을 방문하기로 했다. 방문하기 전에 장소에 대한 정보를 최대한 수집하는 것이 좋다. 평소 체험학습을 가기 위해 조사하는 내용뿐만 아니라 추가적으로 공간적 특징 미리 조사한다. 그 정보를 바탕으로 현장에서 무엇부터 볼 것인가 하는 관찰 초점을 잡는 것이다. 이렇게 하면 현장에서 헤매지 않고 시간을 효율적으로 활용할 수 있다.

현장에서 시간은 생각보다 짧기 때문에 학생들이 명확한 목표의식을 갖도록 해야 한다. 그리고 기억만으로는 한계가 있기 때문에 경험하고 관찰한 것을 기록할 수단을 준비하는 것도 중요하다. 우리는 사진 촬영으로 기록하기로 했다. 사진 촬영은 내가 처한 환경과 주변 사람들을 세밀하게 관찰하고 순간의 감정을 기록하는 수단으로 적합하다.

사진 촬영을 위해 일회용 카메라와 체크리스트를 준비했다. 일회용 카메라는 촬영 횟수가 정해져 있어 쉽게 활용할 수 있는 스마트폰보다는 신중하게 촬영하는 효과가 있어서 사진 촬영 과제에 집중할 수 있도록 할 수 있다. 그러나 일회용 카메라를 현상하기 위해서는 상당한 시간과 비용이 발생하기 때문에 스마트폰이나 디지털 카메라를 활용하는 것도 좋다. 영상으로 기록을 남기는 방법도 있겠다. 체크리스트는 현장에서 관찰 목표를 상기하는데 도움을 준다.

〈사진 촬영과제 체크리스트〉

체크리스트	
교실의 독서공간과 다른 점은 무엇인가?	공간에서 나는 어떤 행동을 했는가?
독서공간에 적용하고 싶은 디자인은?	사람들이 가구들을 어떻게 이용하는가?
독서공간의 불편한 점과 개선점은?	사람들은 어떻게 책을 읽고 있는가?
어떤 점이 긍정적 행동을 유도하는가?	다른 사람들이 선호하는 공간의 특징은?

▷ 서비스 사파리

현장에서는 공간에 자연스럽게 스며들 수 있는 분위기를 만드는 것이 중요하다. 누군가 나를 찍고 있다는 것을 의식하면 부자연스러운 행동을 하게 된다. 또 사진 촬영 과제에 집착하다보면 정작 중요한 경험을 하지 못하기 때문이다. 따라서 학생들에게 체크리스트 완성에 대한 부담을 덜어줄 필요가 있다. 학급의 규모에 따라서 기

록의 방법을 다양하게 할 수 있다. 촬영 과제와 워크북, 메모 같은
방법을 선택적으로 제시하는 것도 좋다.

▷ 관찰하기

관찰은 사용자의 잠재된 욕구를 파악하는 기본적인 디자인 도구
다. 사용자의 잠재된 욕구를 파악하기 위해서는 사용자와의 공감을
전제로 한다는 점에서 관찰은 중요하다. 최소한 프로젝트를 진행하
는 동안이라도 학생들이 친구들을 관찰하도록 안내한다. 다른 사람
을 위한 디자인을 하기 위해 타인을 관찰하고 공감하려는 마음가짐
은 인성교육의 의미도 있다.

여러 가지 관찰법

관찰법	방법
장소 관찰	특정한 장소에 머물며 관찰
동행관찰(쉐도잉)	특정한 인물을 선택에 추적하며 관찰
사물 중심 관찰	특정한 사물을 정해놓고 관찰
활동 중심 관찰	특정한 행동의 시작과 끝을 정해 관찰
반대로 관찰하기	관찰하고자 하는 행동을 하지 않는 사람 관찰하기

▶ 이 단계에서 할 수 있는 활동

HMW

HMW는 'How might we'의 줄임말로 "어떻게 하면 우리가 할 수 있을까?"라는 표현으로 문제를 진술하는 것이다. 단순히 문제를 진술했을 때보다 HMW를 사용했을 경우, 앞 단계에서 수집된 자료와 통찰을 통해 문제 상황과 사용자의 요구에 대한 우선순위를 결정할 수 있도록 일종의 관점을 제시하는 역할을 한다.

모호한 개념을 주제에 대한 아이디어를 도출할 때 도움이 된다. 질문을 만들 때는 사용자의 불편함보다는 사용자의 욕구를 해결하는 긍정적인 문장으로 진술하는 것이 좋다. 예를 들어 '어떻게 하면 학생들이 교실에서 느끼는 답답함을 없앨 수 있을까?'보다는 '어떻게 하면 학생들이 편안함을 느끼는 교실을 만들 수 있을까?'처럼 긍정적으로 표현하면 긍정적인 방향으로 아이디어가 확장된다.

그리고 질문의 범위를 너무 넓거나 좁게 하지 말아야 한다. 예를 들어 '어떻게 하면 창의융합형 교육에 적합한 교실을 만들 수 있을까?'는 범위가 넓어 아이디어를 내기가 쉽지 않다. '어떻게 하면 프로젝트 수업 〈생활 속 수학〉을 위한 교실 공간을 만들까?' 같이 문제의 맥락에 맞는 질문은 다양한 아이디어를 떠올릴 수 있도록 돕는다.

5why

'5why'는 어떤 문제의 근본적인 원인에 접근하기 위한 방법으로 다섯 번 이상 왜라고 질문해야 한다는 의미를 가지고 있다. 어떤 문제의 원인을 표면적인 한 가지 이유로 한정하지 않고 모든 가능성을 고려해 입체적으로 문제의 원인을 파악할 수 있도록 하는 도구다. 진행 방법은 먼저 현재의 상태를 구체적인 용어를 사용해 기술한다. 그다음 왜라는 질문을 하면서 답을 반복하면서 근본적인 해결책에 도달할 때까지 진행한다.

대표적인 예로 미국 워싱턴의 토머스 제퍼슨 기념관의 일화가 있다. 이 기념관의 문제는 대리석 표면이 빨리 부식된다는 것이었다. 이때 기념관장은 보수공사를 반복해서 진행하는 것이 아니라 왜라는 질문을 반복해 근본적인 해결책을 찾았다. 그 과정을 살펴 보면 다음과 같다.

질문		대답
왜 대리석이 빨리 부식되는가?	⇨	대리석을 비눗물로 자주 씻기 때문이다.
왜 대리석을 비눗물로 자주 씻는가?	⇨	비둘기 배설물을 씻어 내야하기 때문이다.
왜 비둘기들이 기념관에 많이 모이는가?	⇨	비둘기의 먹이인 거미가 많이 오기 때문이다.
왜 거미는 기념관에 많이 오는가?	⇨	거미들의 먹이인 나방이 많이 오기 때문이다.
왜 나방은 기념관에 몰려드는가?	⇨	주변의 다른 전등보다 일찍 켜기 때문이다.
왜 주변의 다른 전등보다 일찍 켜는가?	⇨	관리직원이 일찍 퇴근하기 때문이다.

근본 원인은 일찍 점등되는 기념관 불빛이 문제였다. 기념관의 등을 2시간 늦게 점등하는 것으로 문제를 해결했다. 이 과정에서 주의할 점은 문제의 원인을 사람에서 찾는 것보다 사건에서 찾는 것이 중요하다. 또 통제 가능한 것, 근거가 있고 검증 가능한 사실만 대답해야 한다는 점이다. 그리고 대답은 행동으로 기술되어야하고 더 이상 '왜'라고 할 수 없을 때까지 진행하는 것이 좋다. 근본적인 원인을 찾는 것은 창의적인 결과를 도출하는 데 영감을 준다.

해석하기

이전 단계에서 얻은 정보들을 해석하는 활동을 통해 최종적으로 아이디어에 대한 명확한 방향성을 잡는 과정이다. 팀원들이 얻은 정보를 서로 공유하고 정보의 의미를 해석하면서 문제에 대한 영감을 얻는 것이 목적이 된다. 그리고 다음 단계인 아이디어 도출의 방향성을 잃지 않도록 도전 과제를 구체적이고 명확하게 진술하는 과정도 포함된다.

디자인씽킹 프로세스	수업 과정	주제 및 주요 활동	성취기준
해석하기	◆ 문제 해결 방향 정하기	▷현장에서 경험한 것 공유하기 ▷정보 해석하기	[6국01-02] 의견을 제시하고 함께 조정하며 토의한다.

▷ 현장에서 경험한 것 공유하기

기억은 시간이 지날수록 사라지고 왜곡되기도 한다. 기억이 생생할 때 얻은 정보를 정리해야 하기 위해 최대한 빠른 시간 안에 이 단계를 거쳐야 한다. 먼저 현장에서 찍은 사진과 메모를 펼쳐놓지 않고 한 사람씩 발표한다.

서로 경청하면서 자신의 정보와 공통점과 차이점을 찾아보도록

그림17 사진 분석

그림18 사진 2 분석

하기 위해서다. 그다음 비슷한 것끼리 분류하고 정리하면서 동시에 그룹을 표현하는 단어를 옆에 써서 그룹화 한다. 다양한 각도에서 사진들을 연결하다보면 사진을 찍을 때 느끼지 못했던 새로운 점을 발견하게 된다.

▷ 정보 해석하기

이 단계는 분류, 정리된 정보를 해석하여 사용자가 진정으로 원하는 것을 파악하는 것이다.

정보의 해석	진정으로 원하는 것	도전 과제 구체화 (HMW)
북카페와 다르게 교실은 편안한 느낌을 주지 못한다.	우리는 편안하게 앉거나 눕거나 엎드릴 수 있는 공간에서 책을 읽고 싶다. 교실은 책을 읽기에 지루한 공간이다. 왜냐하면 재미있는 요소가 없기 때문이다.	"어떻게 하면 독서공간을 편안하면서 재미있는 느낌이 나게 할 수 있을까?"
학생들은 독서의 필요성을 느끼지만 교실에서 책을 읽고 싶은 생각이 들지 않는다.		
어린이 도서관의 책장이 곡선으로 만들어져 있어 재미있는 느낌을 준다.		
북카페에서 우리는 먼저 머물고 싶은 공간을 찾고 나서 읽고 싶은 책을 골랐다.		
친구들은 2층 공간에 오래 머물렀다.		
친구들은 창밖의 풍경이 보이는 공간을 선호한다.		

사용자가 진정으로 원하는 것과 프로젝트의 도전 과제와 연결해 본다. 그리고 도전 과제를 해결하기 위한 문장을 명료하고 구체적인 문장으로 바꿔본다. 질문에 대답해보는 과정에서 다음 단계로 자연스럽게 전개될 수 있도록 하는 것이다.

여기서 주의할 점은 문장에 해결책이 포함되지 않도록 주의해야 한다. 예를 들어 "어떻게 하면 편안한 소파가 있는 독서 공간을 만들 수 있을까?"와 같이 편안한 소파라는 해결책이 포함되어버리면 다음 단계에서 다양한 아이디어를 내는 것을 사전에 차단하게 된다.

▶ 이 단계에서 할 수 있는 다른 활동

어피니티 다이어그램

어피니티 다이어그램은 분석법 중 하나로, 1960년 일본의 사회 문화학자 가와기타 지로(Kawakita Jiro)가 제시한 KJ 기법에 기원을 두고 있다. 수집한 정보들을 다양하게 배치해보면서 정보와 정보의 연결을 통해 새로운 정보를 찾아내 통찰을 얻는 방법이다. 팀원들과 함께 해석, 분류, 정리하면서 협력을 통한 창의적인 문제 해결을 경험할 수 있는 도구다.

진행방법은 먼저 ①주제에 대한 아이디어를 포스트잇에 자유롭게 적는다. 단, 하나의 카드에는 하나의 아이디어만 적어야 한다. ② 모인 포스트잇을 벽에 직관적인 테마 또는 연관성, 친화도에 따라 붙인다. ③ 그룹 지어진 포스트잇을 아우를 수 있는 키워드 혹은 문장을 다른 색 포스트잇을 이용하여 위에 올린다.

주로 브레인스토밍에서 얻어진 아이디어를 화이트보드에 포스트잇을 붙여 가며 진행된다. 주의할 점은 팀원들에 따라 생각하는 분류 방법이 다를 수 있다는 것이다. 이럴 경우에는 의견을 조율할 수 있는 단계를 생각해야 하며 각자에게 기회를 줄 수 있도록 진행해야 한다.

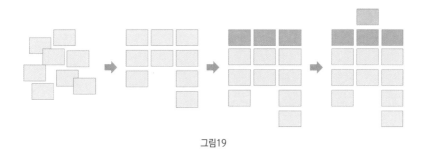

그림19

공감지도

공감지도는 디자이너가 얻은 정보를 바탕으로 사용자의 생각과 느낌, 경험 등을 시각화하는 도구이다. 따라서 사용자에 대한 기본적인 조사나 관찰, 인터뷰를 통해 어느 정도 정보를 얻은 후에 사용하는 것이 효과적이다. 공감지도를 활용할 때 중요한 것은 디자이너가 사용자의 마음으로 들어가는 것이다. 사용자의 입장에서 항목들을 작성할 때 의미 있는 결과를 얻을 수 있다. 때로는 사용자 스스로 본 것, 들은 것 등을 적어가는 자기분석적인 도구로 활용하기도 한다.

공감지도의 형식은 다양하게 변형할 수 있으나 공통적인 요소로 구성한 공감지도는 다음과 같다.

• 생각과 느낌(Think & Feel): 사용자가 경험하면서 느끼는 감정과 생각을 적는다.

그림20 공감지도 형식

- 보는 것(See): 사용자가 무엇을 주의 깊게 보는지 적는다. 그 대상은 인물, 활동, 사물들이 될 수 있다.

- 듣는 것(Hear): 사용자가 처한 환경에서 듣는 것 특히 사용자의 생각과 느낌에 영향을 주는 것들 을 적는다.

- 말과 행동(Say & Do): 사용자가 하는 말이나 행동을 적되 지속적으로 사용하거나 눈에 띄는 행동들을 적는다. 또 행동의 변화나 말과 행동이 어떻게 연관되고 있는지 유의한다.

- 불편한 것(Pain): 사용자가 느끼는 불편, 좌절, 문제의식 등을 예상해본다.

- 원하는 것(Gain): 사용자가 원하는 것이 무엇일지 적는다.

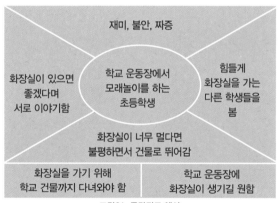

그림21 공감지도 예시

아이디어 내기

아이디어 내기 단계는 가능성을 찾고, 무엇을 창조할지 생각하는 단계로 많은 아이디어를 생성한다. 이 단계는 IDEO의 디자인적 사고 프로세스 중 아이디어 단계와 같이 브레인스토밍을 활용하여 새롭고 많은 아이디어를 생성할 수 있다.

디자인씽킹 프로세스	수업 과정	주제 및 주요 활동	성취기준
아이디어 내기	◆ 아이디어 내기	▷아이디어 도출 및 구체화	[6미02-03] 다양한 자료를 활용하여 아이디어와 관련된 표현 내용을 구체화할 수 있다.

▷아이디어 도출 및 구체화

이 단계에서 가장 흔히 쓰는 방법은 브레인스토밍이다. 가능한 많은 아이디어를 내는 것이 이 단계의 목표이기 때문에 브레인스토밍처럼 아이디어의 양을 추구하는 도구들이 적합하다.

브레인스토밍은 다양한 아이디어를 가능한 많이 낼 수 있는 상황을 조성하는 것이 중요하기 때문에 사전에 몇 가지 활동이 필요하다. 이 프로젝트의 도전 과제와 이전 단계에서 수집한 정보들을 상기시켜 주제에 집중하도록 한다. 또 브레인스토밍에 적합한 분위기를 만들기 위해 브레인스토밍의 원칙을 설명한다.

그룹 발상에서는 참여자끼리의 자극을 유도해야 한다. 자신의 생각과 상대방의 생각이 서로에게 더 많은 아이디어를 폭발하도록 하는 촉매 역할을 하는 것이 중요하다.

마지막으로 아이디어를 그룹화하고 그중에서 가장 좋은 아이디어 선택한다. 그리고 그 아이디어를 실현할 수 있는 여건을 고려하여 최종아이디어를 결정한다.

가장 좋은 아이디어	실현가능성	최종 아이디어
교실의 복도 쪽 공간을 활용하자	우리가 직접 만들 수 있는가? 재료 구입을 위한 예산을 확보할 수 있는가? 편안하면서 재미있는 느낌이 날 것인가?	교실의 복도 쪽에 홈바 형태의 독서공간을 자연적 재료(나무, 벽돌)로 직접 만들기
사용할 재료를 자연적인 것으로 하자		
곡선 디자인의 책꽂이를 사자		
바테이블 형태로 만들자		

▶ 이 단계에서 할 수 있는 다른 활동

- 브레인라이팅(Brain Writing)

브레인스토밍은 타인에게 의지하는 무임승차 현상이나 이로 인해 다른 구성원이 태만해지는 봉 효과가 나타날 수 있으며, 발표를 어려워하는 참가자의 아이디어를 충분히 표현하기 힘든 단점이 있다. 이러한 단점을 보완할 수 있는 방법이 브레인라이팅이다.

브레인라이팅은 여러 장의 카드에 본인의 아이디어를 차례대로 돌아가면서 기록하는 방법이다. 자신의 생각을 정리하는 과정을 거치기 때문에 발표력이 부족한 구성원의 아이디어를 반영하기에 적합한 도구다. 진행 방법은 여러 칸이 그려진 워크시트에 아이디어를 적고 옆 사람에 넘기는 방식이다. 브레인 라이팅은 다른 사람의 아이디어를 공유하는 과정에서 서로 자극을 받아 풍부한 아이디어를 도출할 수 있는 방법이 된다. 이때 다른 사람의 아이디어에 보충, 결합하거나 수정하는 것을 허용하는 규칙을 적용할 수도 있다.

이러한 방식으로 쓰는 것 대신 그림을 그리는 브레인드로잉 (Brain Drawing)으로 운영할 수도 있다. 때론 그림으로 표현하는 것이 효과적이고 시각적 자극이 더욱 창의적인 아이디어를 만들어 낼 수 있다.

- 스캠퍼

스캠퍼 기법은 브레인스토밍이나 마인드맵처럼 아이디어를 확장해나가는 방법이 아닌 인위적으로 발상의 방향을 제시하는 기법이다.

스캠퍼는 아이디어를 자극하는 7가지 질문에 답하면서 아이디어를 도출하는 과정으로 창의적 사고를 처음 시도하거나 두려워하는 사람에게 부담을 덜어줄 수 있는 방법이다. 체크리스트에 따라 진행하기 때문에 막연한 상황에서 문제에 다가가는 실마리를 제공하며 중요한 사항도 빠트리지 않을 수 있다.

스캠퍼 활용 방법은 체크리스트 순서대로 할 수 있고, 순서와 상관없이 할 수도 있다. 또 필요에 따라 한 번에 한 가지 질문을 할 수도 있고 여러 가지 질문을 동시에 할 수도 있다.

약자	체크리스트	예시
S	대체하기(Substitute)	다른 재료?
C	결합하기(Combine)	서로 결합하면?
A	조절하기(Adjust)	비슷한 것은?
M	변형(Modify)	형태를 바꾸면?
	확대(Magnify)	더 길어지고 커진다면?
	축소하기(Minify)	생략하면?
P	용도 바꾸기(Put to other uses)	다른 용도로 사용하면?
E	제거하기(Eliminate)	없어도 되는 것은?
R	반대로 하기(Reverse)	거꾸로 하면?
	재정리하기(Rearrange)	위치를 바꾸면?

실험하기

아이디어를 실체화하여 사용자에게 피드백을 받기 위한 단계이다. 사용자의 피드백을 받기 위해 만들어지는 프로토타입은 아이디어의 핵심적인 기능들을 담아내는 것이 중요하다. 또한 프로토타입은 사용자의 피드백을 반영하여 계속해서 개선해갈 수 있어야 한다. 따라서 때문에 제작을 위한 시간과 비용을 최소화할 수 있어야 한다.

디자인씽킹 프로세스	수업 과정	주제 및 주요 활동	성취기준
실험하기	◆ 프로토타입 만들기	▷프로토타입 만들기 ▷필요사항 확인하기	[6미02-01] 표현 주제를 잘 나타낼 수 있는 다양한 소재를 탐색할 수 있다.
	◆공간 만들기	▷공간 만들기	

▷ **프로토타입 만들기**

공간을 대상으로 하는 경우 모형 만들기를 활용하는 경우가 많다. 이 수업에서는 공간에 사용할 재료의 느낌과 주변 공간과의 어울림을 느낄 수 있도록 3D프로그램을 활용해 프로토타입 과정을 시도해봤다. 3D프로그램은 즉각적으로 피드백을 받아 수정이 가능하며 비용이 거의 발생하지 않는다는 장점이 있다.

공간은 전지적 시점에서 보는 것보다 실제로 공간 안에 들어가서

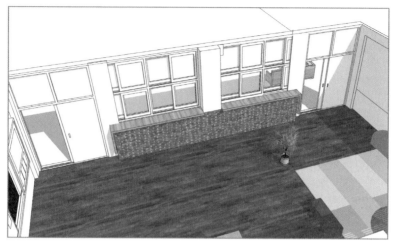
그림22 교실 3D

체험을 했을 때 그 가치를 경험할 수 있다. 따라서 이 수업의 경우 판지나 상자 같은 값싼 재료를 활용하여 실물 크기의 공간을 직접 만들어 보는 목업(Mokup)활동으로 진행하는 것도 좋다. 또한 실제 공간을 제작할 때 필요한 재료뿐만 아니라 제작 방법에 대한 고민도 함께 진행되어야 시행착오를 줄일 수 있으며 학생들이 직접 제작에 참여할 수 있도록 디자인했다.

▷ 공간 만들기를 위한 준비

공간을 만들기 위해 준비할 사항은 예산확보, 재료준비, 제작방법에 관한 것이다. 특히 재료 준비는 수학적인 문제로 전환하여 수

학교과와 통합을 시도했다. 수학수업을 통해 공간 제작에 필요한 목재의 크기와 벽돌의 양을 구하고 그에 따라 필요한 예산을 계산해봤다.

관련 성취 기준	수학적 문제
[6수03-05] 직사각형의 넓이를 구하는 방법을 이해하고, 이를 통하여 직사각형과 정사각형의 넓이를 구할 수 있다.	문제 1. 파벽돌을 붙이려는 벽의 넓이를 구하고, 파벽돌을 몇 박스 사야하는지 알아보자. (파벽돌 한 박스로 0.93m2의 벽을 붙일 수 있다.)
[6수01-14]'(자연수)÷(자연수)', '(소수)÷(자연수)'에서 나눗셈의 몫을 소수로 나타낼 수 있다.	문제 2. 상판의 넓이를 구하고 필요한 예산일 얼마인지 알아보자. 목재는 100cm2당 1313원이다.

이 단계는 재료를 준비하는 것뿐만 아니라 다음 단계에서 학생들이 공간을 직접 만드는 것이 가능하도록 준비하는 과정이다. 유튜브 같은 영상 플랫폼을 활용해 직접 제작하는 과정을 살펴보고 교사와 학생들의 역할을 구분해 학생들이 적절한 수준의 노작 활동을 할 수 있도록 했다.

▷공간 만들기

이 단계는 공간의 완성도보다는 프로토타입이 실제 공간으로 탄생하는 것을 경험하는데 의의를 두었다. 또 원목의 향기와 촉감, 마

| 그림23 | 그림24 |

감재를 칠할 때 변화하는 나무의 모습, 벽돌의 질감 등 오감을 통한 경험을 할 수 있도록 했다.

발전시키기

이 단계는 공간이 목표에 부합하게 디자인되었는지 평가하고 더 발전시키기 위한 계획을 수립하는 과정이다. 또 성공의 요소가 무엇인지 파악하고 발전의 과정을 기록하는 활동도 병행된다.

디자인씽킹 프로세스	수업 과정	주제 및 주요 활동	성취기준
발전시키기	◆공간 평가하기	▷ 공간체험 및 평가	[6미03-04] 다양한 감상 방법(비교 또는 단독 감상, 내용 또는 형식 감상 등)을 알고 활용할 수 있다.

평가를 위해 학생들에게 독서공간에서 책을 읽어보고 어떤 느낌이 드는지, 또 공간이 독서를 유도하는지 생각해보도록 했다. 그리고 교사는 학생들이 공간을 지속적으로 사용하는지 관찰했다. 결론적으로 학생들은 이 공간을 책을 읽기 위한 공간보다는 선반으로 활용했다. 학생들은 주로 핸드폰 충전하거나 물건을 올려놓는 용도로 이용했다.

디자인씽킹은 실패에 대해 관대하며 실패를 통한 교훈을 바탕으로 지속적으로 수정해가는 것을 지향한다. 따라서 마지막 단계에서 문제가 발생하면 이전 단계로 돌아가 문제를 해결하는 순환적인 프로세스의 성격을 갖는다. 우리는 평가활동을 통해 공간의 장점과

그림25   그림26

단점을 파악하고 앞으로 더 나은 교실 공간을 만들기 위한 방법을 고민했다.

학생들은 이 공간이 책을 읽기는 신체적으로 불편하다는 점을 지적했다. 사용하는 사람들마다 신체 조건이 다르기 때문에 무릎이 벽에 닿아 불편한 경우가 발생했다. 긍정적인 부분은 이 공간이 교실이 카페 같은 편안한 분위기가 느껴지도록 일조한다는 점이었다. 우리는 이 공간을 다른 용도로 활용해보기로 했다. 나중에 이 공간은 카페 공간으로 재탄생했다. 학교 자치활동의 일환으로 쉬는 시간에 카페를 운영했다.

주제 2: 타인을 위한 디자인

이 수업은 학생들이 디자이너의 역할을 경험해보는 활동으로 구성했다. '주제 1' 수업에서 사용자로써 디자인씽킹의 과정을 경험해 본 학생들에게 디자인씽킹에 대한 더욱 이해를 강화하고 무엇보다 '타인을 위한 디자인'이라는 마음가짐을 갖도록 하는 것이 이 수업의 목표다.

〈 프로젝트 전개 과정 〉

디자인씽킹 프로세스	프로젝트 과정	주제 및 주요 활동	성취기준
발견하기	◆ 도전 과제의 발견	▷3학년 교실의 문제점 발견하기 ▷프로젝트 주제 정하기 ▷프로젝트 수업 계획하기	[6미01-02] 대상이나 현상에서 시각적 특징을 발견할 수 있다. [6수05-04] 자료를 수집, 분류, 정리하여 목적에 맞는 그래프로 나타내고, 그래프를 해석할 수 있다. [6수02-01] 표현 주제를 잘 나타낼 수 있는 다양한 소재를 탐색할 수 있다. [6수02-05] 다양한 표현 방법의 특징과 과정을 탐색하여 활용할 수 있다. [6수02-03] 다양한 자료를 활용하여 아이디어와 관련된 표현 내용을 구체화할 수 있다.
	◆ 공감으로부터 영감 얻기	▷사용자로부터 영감 얻기 ▷우리 학교 학생들이 좋아하는 색 찾기	
해석하기	◆ 문제 해결방향 정하기	▷ 해석하기	
아이디어 내기	◆ 아이디어 내기	▷아이디어 도출 및 구체화	
실험하기	◆ 프로토타입 만들기	▷도안그리기	
	◆벽화 그리기	▷벽화 그리기	
발전시키기	◆공간 평가하기	▷ 공간의 재구성	

수업 자세히 들여다보기

디자인씽킹 프로세스	수업 과정	주제 및 주요 활동
발견하기	◆ 도전 과제의 발견	▷3학년 교실의 문제점 발견하기 – 3학년과의 대화 ▷프로젝트 주제 정하기 – 디자인 팀 만들기 – 소망을 도전 과제로 표현하기 – 도전 과제 해결을 위한 질문
	◆ 공감으로부터 영감 얻기	▷사용자로부터 영감 얻기 ▷우리 학교 학생들이 좋아하는 색 찾기 – 연령별 선호하는 색상에 관한 자료 살펴보기 – 우리 학교 학생들을 대상으로 선호하는 색 조사하기 – 자료 분석하기
해석하기	◆ 문제 해결방향 정하기	▷해석하기

▷3학년 교실의 문제점 발견하기

교실 비워내기로 게시판을 제거한 이후 3학년 교실의 뒷벽은 변화가 없는 상태였다. 3학년 학생들은 다른 학급과 비교되는 교실 뒷벽에 무언가 채우고 싶어 한다는 것을 자주 표현했다. 다른 반 학생이나 선생님들도 3학년 교실의 뒷벽 문제는 공감하고 있는 상태였다. 3학년 학생들과의 대화에서 벽화를 그리는 것이 그들의 소망임을 알아냈다.

나는 3학년 선생님과 이 문제를 해결하기 위해 합동수업을 제안했다. 디자인씽킹을 경험해본 6학년은 이 문제를 충분히 접근할 수 있을 거라고 판단했고 사용자가 아니라 디자이너로서 역할을 경험해볼 수 있는 좋은 기회라고 생각했기 때문이다.

▷ 프로젝트 주제 정하기

먼저 우리는 이 프로젝트에서 디자이너의 역할을 하며 '타인을 위한 디자인'을 경험하는 것이 목적임을 강조했다. 교사와 학생이 한 팀이라는 의식을 강화하기 위해 가상의 디자인 회사를 만들었다. 선생님은 팀장이며 학생들은 팀원이라는 역할을 설정했다. 회사의 이름과 로고도 만들어봤다. 프로젝트 주제를 정하기 위한 질문은 다음과 같다.

- 3학년이 원하는 벽화의 이미지를 찾는 방법은 무엇인가?
- 높은 벽에 어떻게 그림을 그릴 것인가?
- 그림을 잘 그리기 위한 방법은 무엇인가?
- 프로젝트의 성공의 기준은 무엇인가?
- 프로젝트는 3학년과 우리에게 어떤 의미가 있는가?

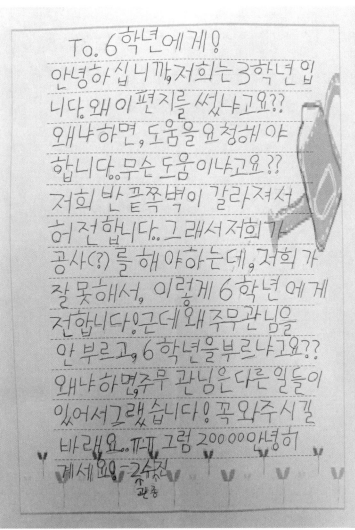

To. 6학년에게!

안녕하십니까, 저희는 3학년입니다. 왜 이 편지를 썼냐고요??
왜냐하면, 도움을 요청해야 합니다.. 무슨 도움이냐고요??
저희 반 끝쪽벽이 갈라져서 허전합니다.. 그래서 저희가 공사(?)를 해야하는데, 저희가 잘 못해서, 이렇게 6학년에게 전합니다! 근데 왜 주무관님을 안 부르고, 6학년을 부르냐고요?? 왜냐하면, 주무관님은 다른 일들이 있어서 그랬습니다! 꼭 와주시길 바래요.. ㅠㅠ 그럼 2000O 안녕히 계세요.-김유진
괜종

그림28

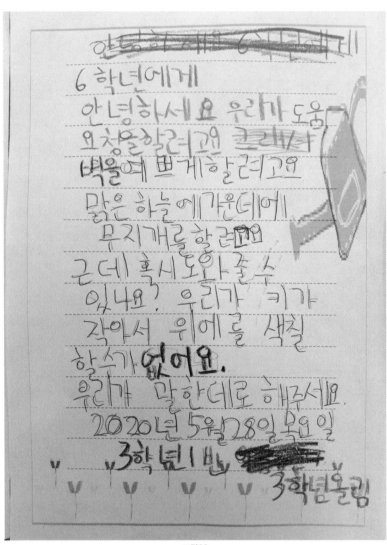

6학년에게

안녕하세요 우리가 도움

요청을 할려고 크레파

벽을에 쁘게할려고요

맑은 하늘에 가운데에

무지개를 할려요

근데 혹시 도와줄수

있나요? 우리가 키가

작아서 위에를 색칠

할수가 없어요.

우리가 말한데로 해주세요.

2020년 5월 28일 목요일

3학년1반

3학년올림

그림28

3학년 학생들의 소망을 도전 과제로 표현하여 프로젝트 주제를 정했다. 프로젝트 주제는 '어떻게 하면 3학년 학생들이 원하는 벽화를 그릴 수 있을까?'다.

▷ 사용자로부터 얻기

이 단계는 벽화의 내용에 대한 영감을 얻기 위한 활동으로 구성했다. 사용자에게서 영감을 얻는 방법은 다양하다. 인터뷰나 관찰하기가 대표적이다. 우리는 3학년 학생들에게 과제를 내주고 그 과제를 분석하는 방법을 시도했다. 과제는 '글쓰기'였는데 벽화에 관해 제안하고 싶은 내용을 쓰는 것이다.

▷ 우리 학교 학생들이 좋아하는 색 찾기

자기 방을 검은색이나 흰색으로 칠해달라고 하는 아이가 있을까? 색은 공간은 인식하는데 있어서 매우 중요한 요소다. 색이 사람에게 영향을 미친다는 사실을 기초로 우리 학교 학생들이 좋아하는 색을 찾는 활동을 전개했다.

우선 초등학생들의 색채 선호도는 나이가 들어감에 따라 난색 계열에서 한색 계열로 이동하는 경향이 있다는 자료를 읽었다. 이 자료를 바탕으로 우리학교 학생들이 어떤 색을 좋아하는지를 조사하

그림 30

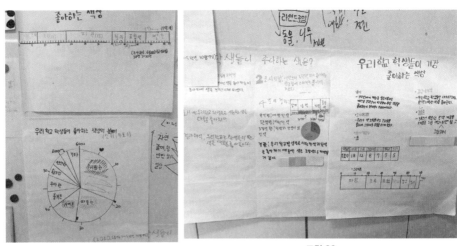

그림 31   그림 32

기 위한 실험을 설계했다. 그리고 실험에서 얻은 데이터를 그래프로
나타냈다.

▷ 해석하기

	얻은 정보	해석	도전 과제 구체화 (HMW)
글쓰기 과제	-자신들이 벽화를 그리지 못한다는 것 때문에 좌절하고 있음 -'맑은 하늘에 무지개'라는 표현이 있음. -이 과제가 도움을 요청하는 목적이 있음을 알고 있음.	-벽화그리기 과정에 참여하고 싶은 욕구가 있음.	"어떻게 하면 벽화를 그리는 과정에 사용자를 참여시킬 수 있을까?"
색에 대한 선호	- 색 계열보다 한색 계열에 대한 선호비율이 높음. -가장 선호하는 색은 밝은 파랑과 분홍임.	-대체로 시원한 느낌을 선호하나 따뜻한 색상도 조합할 필요가 있음.	"어떻게 하면 선호하는 색상으로 도안을 그릴 수 있을까?"

▶ 이 단계에서 할 수 있는 다른 활동

- 퍼소나(Persona)

퍼소나는 가상의 인물을 만들고 특정한 상황에서 어떻게 반응할
지 예상해보는 과정에서 사용자를 공감하는 방법이다. 퍼소나는 친
근하고 구체적이며 실제 존재할만한 가상의 인물을 만들어야 한다.
예를 들어 '우리 교실로 전학 오는 학생'을 만들 때 그 학생의 생활
방식과 니즈를 고려하여 프로필, 태도, 특징적인 사항, 외모, 시나

리오를 작성해보는 것이다. 만약에 다른 학년이라면 그 학년 특성에 대한 정보를 얻는 과정이 사전에 이뤄져야 효과적인 가상의 인물을 만들 수 있다.

이렇게 만들어진 가상의 인물이 특정한 상황에서 어떻게 생각을 하고 행동할지 예상해보면서 사용자에 대한 공감과 영감을 얻는 방법이다. 퍼소나를 중심으로 브레인스토밍을 하거나 역할극을 해볼 수도 있다.

- 프로브(probe)

프로브는 사용자가 실제 생활공간과 상황에서 자신의 생각과 느낌을 표현하도록 유도하는 방법이다. 일상적 경험을 기록할 수 있는 다이어리, 사진기, 스티커, 워크시트 등 '프로브 패키지'를 만들어 사용자에게 전달하면 사용자는 일정 기간 동안 프로브 패키지의 과제를 수행하면서 그 결과를 기록하게 된다. 이 수업 사례에서 사용한 글쓰기 과제도 프로브와 비슷한 맥락이라고 할 수 있는데 이외에도 그림그리기, 콜라주, 사진 촬영 같은 과제를 적용할 수 있었다. 디자이너는 이 기록물을 해석하면서 영감을 얻게 되는데 이때 추가적으로 이 과정에 사용자가 참여할 수 있다.

예를 들어 학교 공간혁신을 위해 학교 지도, 사진기, 감정 스티커, 그래프 워크시트, 소망나무를 포함한 프로브 패키지를 구성할 수 있다. 먼저 사진기는 '지루한 순간', '가장 신나는 장소' 등 학교생활을 촬영하도록 하는 과제를 위한 것이다. 학교지도는 오늘 내가 이동한 경로를 그려보거나 공간에 대한 생각과 느낌을 스티커를 붙여 표현해볼 수 있다. 매일의 감정을 나타내는 스티커를 워크시트에 붙이고 그래프를 그려보거나 소망나무에 생각날 때마다 소망 열매를 달아보는 활동을 진행할 수 있다. 이러한 자료들은 디자이너들이 사용자를 공감하고 이해하는 소중한 자료가 될 것이다.

디자인씽킹 프로세스	수업 과정	주제 및 주요 활동	
아이디어 내기	◆ 아이디어 내기	▷ 아이디어 도출 및 구체화	
실험하기	◆ 프로토타입 만들기	▷도안그리기 ▷벽화그리기 준비	
	◆벽화 그리기	▷벽화 그리기	
발전시키기	◆공간 평가하기		▷공간의 재구성

▷아이디어 도출 및 구체화

벽화 그리기에 사용자를 참여시킬 수 있는 방법은 도안의 난이도를 낮추는 것이다. 교사는 비교적 난이도가 낮으면서도 심미적으로도 만족할 만한 라인드로잉과 그래픽벽화 기법을 제시했다. 또 한 가지 방법은 빔 프로젝트를 활용하는 것이다. 벽화를 그릴 공간에 빔 프로젝트로 도안을 비추고 도안을 따라 그리는 방법이다. 먹지를 대고 그리듯이 쉽게 벽화를 그릴 수 있는 방법을 찾은 것이다. 또 사용자의 신체적 조건을 고려해 도안의 아래쪽에 3학년이 좋아할 만한 그림을 넣기로 했다.

최대한 많은 아이디어를 내는 것이 아이디어 도출 단계의 미덕이라면 다양한 사람이 참여하는 것이 도움이 되기도 한다. 이 단계에 참여한 교장 선생님은 선반 같은 입체적인 오브제와 벽화의 내용이 연결되는 새로운 차원의 벽화를 그려보자는 아이디어를 냈다. 우리는 아이디어를 발전시켜 선반과 조명이 있는 카페 풍경을 그리고 실제 선반과 조명을 설치해 벽화가 입체적으로 보이도록 아이디어를 구체화 했다.

▷ 도안 그리기

도안 그리기는 도안에 담고 싶은 장면을 직접 연출해보는 활동을 통해 진행했다. 6학년과 3학년 학생들은 모델과 사진가의 역할을 나눠 팀을 구성해 필요한 장면들을 만들었다. 교사는 사진을 그대로 도안에 담아내는 역할을 맡았다.

그림33   그림34

▷ 벽화 그리기

　벽화 그리기는 먼저 빔 프로젝트를 활용해 도안을 벽에 옮겨 담는 과정을 거치고 이후 3학년 학생들과 함께 채색했다. 이때 사용한 페인트의 색상은 발견하기 단계에서 진행한 '우리 학교 학생들이 좋아하는 색'을 사용했다.

그림 35   그림 36   그림37

▷ 공간의 재구성

벽화는 3학년 학생들의 공간에 대한 관심을 증폭시키는 계기가 되었다. 벽화와 어울리는 선반과 조명을 설치하고 가구들을 재배치하여 새로운 교실 공간을 만들어갔다.

그림 38

4

지속가능한
교실 공간혁신

교실 공간 디자인 전략

우리나라 교실 공간혁신을 선구적으로 시행한 서울특별시교육청은 [서울교육공간플랜]을 통해 학교 급별 구성요소별 디자인 전략을 제시했다. 디자인 전략은 기존 교육 공간이 획일적으로 구성되어 있는 문제에 대한 해결책으로 학생들의 발달단계나 학습조건에 따라 달라지는 공간의 성격에 따라 달라진다. 이 전략들은 리모델링 수준 이상의 교실 공간혁신에 적용하기 위해 만들어진 것이지만 교실 공간혁신 DIY에 적용할 수 있는 요소들을 찾아보았다.

전략 1. 다기능 교실

교실은 학습, 놀이, 휴식의 기능을 할 수 있는 다기능적 공간이 되어야 한다. 학년 수준에 맞춘 다양한 놀이와 체험이 가능하도록 동적인 놀이공간과 휴식을 위한 정적인 휴게 공간을 적절히 배분해야 한다. 또한 안락한 분위기를 조성을 위한 마감재를 사용하고 이동과 재배치가 용이한 가구를 갖추어야 한다. 저학년은 가정과 같은 좌식생활을 적용할 경우에는 바닥 난방을 채택한다.

전략 2. 다양한 학습형태에 대응하는 교실

강의식 수업을 위한 공간 이외에 다양한 학습지원 공간을 교실 내에 조성한다. 다양한 학습 유형에 유연하게 대응할 수 있는 다양한 가구 및 수납공간을 갖춘다. 교실 내부를 입체적으로 활용한다.

전략 3. 자연친화적인 생태 교육 공간

교실과 복도 등의 자투리 공간에 자연환경을 조성하여 생태교육의 장으로 활용한다. 화분 식재나 작은 조경시설물을 통해 실내 공기질을 개선하고 내부 공간에 자연적 요소를 도입한다.

전략 4. 교사를 위한 별도의 공간 확보

학급 중심 공간 구조에서 선생님들을 위한 교과연구 및 휴게 공간을 별도로 구획한다. 선생님 개인공간은 교실로 열려 있어야 하며, 교실을 관찰할 수 있는 구조로 조성한다.

이 디자인 전략들은 교실 공간 디자인의 방향을 제시해준다. 교실 공간혁신 DIY에 디자인 전략을 적용하는 것은 교실이 어떤 형태와 기능을 가져야 하는가에 대한 근거가 된다. 휴식을 위한 침대가 있는 교실, 놀이를 위한 미니축구장이 있는 교실, 연못이 있는 친환경교실을 상상해도 되는 것이다. 교사와 학생들이 상상한 것이 현실이 될 수 있는 환경 속에서 교실 공간혁신 DIY는 지속될 수 있다.

플렉서블 시팅(flexible seating)

플렉서블 시팅은 말 그대로 유연한 좌석을 제공하는 것이다. 이 것은 학생들이 여러 가지 자세를 취할 수 있도록 다양한 형태의 책 상과 의자를 배치함으로써 이루어진다. 특징적인 것은 플렉서블 시 팅이 이루어진 대부분의 교실에서 개인 책상을 제공하지 않고 있다 는 것이다. 학습, 휴식, 놀이 등 다양한 기능을 갖기에 교실 공간은 넉넉하지 않기 때문에 개인 책상을 두지 않아 생기는 여유 공간을 활용하여 다기능적 교실을 구성하는 것이다.

플렉서블 시팅은 대부분 외국에서 이뤄지고 있지만 국내에서도 플렉서블 시팅의 필요성을 느낀 교사들이 실행하고 있는 경우를 찾 아볼 수 있다. 그들의 공통점은 이러한 공간혁신과 함께 수업혁신 이 이뤄진다고 생각하는 것이다. 개인 책상을 없애는 것으로 과거 형 일제식 수업을 지양하겠다는 의미로 해석할 수 있다.

일제식 수업을 하기 위해서는 개인 책상을 배치하는 것만큼 좋은 방법도 없지만 반대로 미래역량을 기르는 수업을 하기 위해서는 다 양하게 변형이 가능한 공간구성이 필요하기 때문이다.

개인적으로는 플렉서블 시팅을 시도해보지 못했다. 국내에는 아이들을 위한 가구나 아이템이 외국만큼 다양하지 못했다. 게다가 필요한 형태의 가구는 맞춤제작을 하거나 수입을 해야 하는 상황이었기 때문이다. 국가 차원에서 학교 공간혁신을 추진하고 있는 만큼 다양한 가구와 아이템을 구할 수 있는 환경을 마련하는 것도 중요해 보인다.

반제품

반제품이란 완제품이 되기까지의 공정을 모두 거치지 않고 판매되는 제품을 말한다. 즉 소비자가 완제품을 손에 넣기 위해서는 직접 완성해야 하는 과정을 거쳐야 한다는 특징이 있다. 교실 공간혁신에서 반제품을 활용하는 것은 몇 가지 교육적인 의미를 생각해볼 수 있다.

먼저 설명서를 이해하고 조립해가는 과정은 체계적인 사고를 필요로 한다. 전체의 형태에서 부품의 역할을 이해하고 연결해가는 과정은 절차적 사고를 기를 수 있는 기회를 줄 뿐만 아니라 마치 레고 조립을 하는 듯한 재미도 있다.

그림 39

또한 반제품은 활동을 유도하며 스스로 만든다는 행위에서 만족감과 성취감을 느낄 수 있다. 행동과 실천을 통해 제품이 완성되는 특수성을 가지고 있기 때문이다. 우리 학교의 경우 반제품 책상을 구입하여 학생들이 직접 조립할 수 있는 기회를 제공했다. 의자 또한 학생들에게 색상을 선택하도록 하고 졸업할 때까지 사용하면서 관리하도록 했다. 어떻게 보면 귀찮을 수 있지만 오히려 이러한 과정은 '나의 것'이라는 친밀감을 형성할 수 있고 학교생활에서 개인과 교실 공간에 대한 정체성 확립에 도움이 된다.

더 나아가 반제품의 미완성적 특성은 창의력을 발휘하는 계기가 될 수 있다. 각 부품들의 역할을 재해석하는 과정에서 본래 기능과 다른 제품을 만드는 경우다. 반제품은 사용자가 조립하면서 확장하거나 변형하면서 기본적 구조를 바꿀 수 있는 여지가 있어 사용자에 따라 다른 결과 나올 수 있다.

사진 속 사례는 휴식 공간을 만들기 위해 로프트 침대를 활용한 경우다. 학생들이 원하는 형태를 만들기 위해 가구 다리를 자르고

그림 40

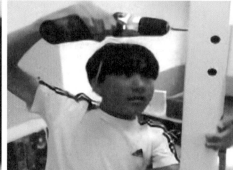

<table>
<tr><td>그림 41</td><td>그림 42</td></tr>
</table>

계단을 추가적으로 만드는 등 창의적 과정을 통해 완성했다. 또한 학생들은 협력을 통한 문제 해결을 경험했다.

　이처럼 교실 공간혁신의 과정에서 반제품을 활용하는 것은 학생들로 하여금 좀 더 적극적인 참여를 유도하며 자신의 힘으로 삶의 문제를 해결하는 소중한 경험을 갖도록 한다.

자연친화적 교실

   교실에서 학생들이 자연과 접촉할 수 있는 환경을 만들어주면 어떤 효과가 있을까? 교실에 더 많은 화분을 기르고 원목으로 된 가구를 놓거나 학교 화단의 꽃을 꽃병에 담아 교실에 둔다면 학생들에게 긍정적인 효과가 있을까?

   실제로 사람들은 나무나 물과 같은 자연물에 노출됐을 때 마음이 편안해지고 행복감을 느낀다. 자연의 품으로 여행을 가거나 강가를 따라 자전거를 타고 일출을 보기 위해 새벽에 산을 오른다. 또 나무와 식물, 돌과 같은 자연을 활용한 친환경건축이 대세다.

   이렇게 인간이 자연을 갈망하는 유전적 본능(바이오필리아, Bio-philia)이 있다는 주장은 과학적 근거를 갖고 있다. 로저 율리히(Roger Urich, 1984)는 자연환경이 환자에게 어떤 영향을 미치는지 실험했다. 창을 통해 나무가 보이는 병실에 입원한 환자가 벽돌이 보이는 병실에 입원한 환자에 비해 진통제 투여 횟수가 적었으며 더 빨리 회복한다는 것을 과학적으로 입증했다.

   환자 주변에 식물을 두는 것이 치유의 효과를 증가시킨다거나 사람이 자연풍경을 볼 때 신경세포가 활성화된다는 실험결과들도 있

그림 43

다. 이러한 사실들은 자연을 느낄 수 있는 교실 환경을 만들어주는 것이 중요하다는 것을 보여준다.

우리는 자연친화적 교실을 만들기 위해 교실에서 다양한 방식으로 식물을 기르고 자연적인 재료를 활용했다. 또 무환수 어항을 만들기도 했다. 무환수 어항은 물을 갈아주지 않아도 되며 기포 발생

그림 44

기나 여과기 또한 필요 없는 어항이다. 어항 속에 있는 수초와 박테리아 그리고 물고기가 서로 보완적인 관계를 이루며 생태계를 이루기 때문에 특별한 관리 없이 지속적으로 유지된다. 이러한 특징 때문에 생태계의 구성 요소나 동식물에 대한 수업을 진행할 때 선택할 수 있는 소재가 될 수 있다.

또한 교실에 벽화를 그린다거나 새로운 가구를 살 때는 친환경제품을 사용해야 한다. 현재 교실에 있는 가구들은 가공목으로 만든 것이 대부분이다. 가공목은 원목을 인공적으로 처리하여 만든 목재로 비교적 저렴하지만 유해화학물질을 방출하는 단점이 있다. 특히 실내에서 유해 화학물질에 노출된다면 호흡을 통해 폐로 들어갈 확률이 매우 높기 때문에 아이들에게 치명적이다.

친환경제품을 선택할 때는 몇 가지 지표를 살펴볼 필요가 있다. 「실내공기질 관리법 시행규칙」에 따르면 페인트나 가구 선택을 위한 구체적인 수치를 확인할 수 있다. 가구의 경우 수치상 E0등급 이상의 가구를 선택해야 한다. 그러나 시중에 판매되는 가구는 E1등급부터 친환경 가구로 인정해주고 있기 때문에 주의할 필요가 있다. 페인트의 경우 무독성, 친환경이라는 이름으로 홍보되고 있는 제품을 무조건 선택하기보다 수치를 정확하게 살펴볼 필요가 있다.

건축자재의 오염물질 방출 기준

오염물질 종류 구분		폼알데하이드
페인트		0.02 이하
목질판상제품	2021년 12월 31일까지 적용되는 기준	0.12 이하
	2022년 1월 1일부터 적용되는 기준	0.05 이하

친환경 가구 인증 기준

등급	포름알데히드 방출량
super E0	10.3mg/L 이하
E0	0.3 ~ 0.5 mg/L
E1	0.5 ~ 1.5 mg/L
E2	1.5 ~ 5.0 mg/L

건축교육의 필요성

학교 공간은 학생들의 삶의 문제이면서 일상적으로 접하는 미술이다. 따라서 학생들의 일상과 동떨어진 교육의 문제점을 극복하고 학교 교육이 삶을 위한 교육으로 나아가기 위해 건축교육이 중요한 역할을 할 수 있다. 선진국의 경우 미술 교과에서 공간 디자인과 관련된 내용이 비중 있게 다뤄지고 있다.

특히 고학년에서는 삶의 문제로써 건축디자인, 인테리어 디자인, 가구와 같은 분야에 대한 교육이 이뤄지고 있다. 국제 건축가연맹에서는 '건축과 어린이' 프로그램과 어린이 건축 교육 지침서를 만들면서 공교육에서 60시간 정도의 건축교육을 권장하고 있다. 우리나라의 경우 건축기본법 및 건축정책 기본계획에서 정책적 과제로 기초 건축 교육이 제시된 적이 있다.

그림 45

또한 건축교육은 학교교육이 추구하는 융합교육의 구심점 역할을 할 수 있다. 현실 세계에서 건축은 여러 영역이 서로 만나는 현장이기 때문이다. 각 교과에서 다루는 건축적인 요소를 모아 인권, 생활 속의 법, 지속가능발전교육, 공간감각, 주거 공간, 스마트 기술, 안전교육, 진로교육 등 다양하게 풀어갈 수 있는 주제가 된다.

공간의 의미는 구성원에 따라 공간을 바라보는 관점과 해석에 따라 달라진다. 공간이란 한 번에 만들어지는 것이 아니라 삶의 문제로써 지속적으로 관심을 갖고 개선해나가는 경험을 통해 완성되기 때문이다. 학교 공간혁신 또한 '혁신된' 공간이 새로운 구성원에게 의미를 갖기 위해서는 수업을 통해 학교 공간을 새롭게 재해석할 수 있는 기회를 주어야 한다. 따라서 학교 공간혁신이 교육과정으로 들어와 '건축교육'이 될 때 지속가능할 수 있다.

| 출처 및 참고자료 |

-새로운 디자인 도구들. 이정주, 이승호. 2018
-인간을 위한 디자인. 빅터 파파넥. 2009
-서울교육공간플랜. 서울시교육청
-중등예비미술교사의 디자인 교육을 위한 디자인적 사고 활용 방안 연구. 윤가희, 2017.
-4차 산업혁명시대에 대응하는 초등학교 교실 공간계획 연구. 김영훈. 2020.
-초등학생을 위한 디자인씽킹기반 학습프로그램 개발 및 적용에 관한 실행연구. 홍정순. 2020.
-1960~70년대 서울시 초등학교 건축 표준설계도에 관한 연구. 이정우. 한국산학기술학회. 2008
-아지트 프로젝트 툴킷. 광주광역시교육청
-교육자를 위한 디자인 사고 툴킷. Riverdale, IDEO. 2014.

2부

가족과 함께
트리하우스 만들기
〈학교단위 공간혁신 프로젝트〉

숲에서
무엇을 할 수 있을까?

금성초등학교의 숲 이야기

진도대교를 건너 진도읍으로 가는 길 오른편에 눈길을 끄는 바위산이 있다. 진도의 작은 금강산이라 불리는 금골산이다. 금성초등학교는 금골산 아래 자리 잡고 있다. 금골산의 바위들이 곧 쏟아져 내릴 듯이 학교를 둘러싸고 있는 모습이 신비롭기까지 하다.

본관 바로 옆에는 '보물 제529호'인 '금골산 5층 석탑'이 있다. 학교 안에 보물이 있다는 것도 예사롭지 않다. 또 200여 그루의 향나무가 학교 운동장을 둘러싸고 있는 모습도 시선을 끌기에 충분하다. 전교생이 30여 명인 금성초등학교는 여러모로 흥미로운 자원을 많이 가지고 있는 학교다.

학교 전경 1

학교 전경 2

그중에서 금성초등학교의 숲에 대해 이야기하고자 한다. 금골산 자락을 따라 쭉 내려오는 숲은 학교 후관 건물 바로 뒤까지 이어진다. 놀랍게도 꽤 넓은 공간의 숲이 학교 공식 부지로 편성되어 있다. 삼나무와 참나무로 이루어진 숲은 여름 내내 시원한 바람이 불어온다. 숲 속에 들어가 보면 참나무에서 떨어진 도토리를 수없이 볼 수 있다. 수많은 곤충들 역시 학생들에게 흥미로운 요소다. 숲을 자세히 들여다보면 학생들이 재미있어할 요소로 가득 차 있다.

숲의 교육적 가치를 생각하다

2017년 봄, 숲을 학생들의 공간으로 활용하기 위한 방법을 찾는 교직원 회의가 열렸다. 회의를 통해 일단, '숲길 산책' 프로그램을 운영하기로 했다. 숲길 산책을 통해 학생들이 숲의 재미있는 요소를 찾아볼 수 있는 기회를 만들어 주자는 취지였다. 그런데 오랫동안 사람들의 손길이 닿지 않은 숲은 칡넝쿨과 풀들이 우거져 있었다. 숲 속으로 한 발자국을 내딛기가 어려웠다.

숲길 산책로를 만들기 위해, 행정실 선생님과 지역주민 등 여러 사람의 도움을 받아 풀을 정리하는 작업을 시작했다. 며칠간의 작업이 끝나고, 산책로가 확보된 숲에 올라가 보니 때마침 시원한 바람이 불어오고 있었다. 숲 한 가운데에서는 풀 냄새와 곤충 소리도 느낄 수 있었다. 약간의 경사도 있어 학생들에게 재미있는 공간이 될 수 있겠다는 생각이 들었다.

재미있고 즐거운 것에 대한 기억은 꽤 오랫동안 지속된다. 학생들이 자연 속에서 여러 가지 활동을 하며, 평생 잊지 못할 추억을 만드는 것은 환경 교육 측면에서도 매우 중요하다.

예전의 환경 교육은 금지 또는 권유를 통해 자연 보호를 주입식으로 강요했다. '쓰레기를 버리지 말자!', '쓰레기를 분리수거해서

삼나무 숲 정비 전

삼나무 숲 정비 후

재활용 하자!'등 자연에 해가 되는 것을 하지 말고, 자연을 보호할 수 있는 가치 있는 행동을 실천하자는 것이었다.

금지를 지시하고 유도하는 교육 방법은 즉각적인 효과는 있다. 금지를 강요하는 현장에서부터 바로 효과가 나타나기에 꽤 괜찮은 교육 방법인 듯한 착시를 일으킨다. 하지만 지속적인 효과를 기대하기는 어렵다. 지시하는 사람, 감시하는 사람이 주변에 없는 상황에서도 환경보호를 실천하는 경우는 많지 않다.

주변의 눈치를 보지 않고 내면에서 우러나오는 환경보호 실천 의지를 길러주는 교육이 필요하다. 학생들이 왜 환경을 보호해야 하는지 가슴 깊이 느낄 수 있는 교육을 한다면, 그 효과는 평생 지속될 수 있다. 금성초등학교는 학생들이 아름다운 자연 속에서 신나게 즐기며 마음껏 추억을 쌓아가는 환경 교육을 추구한다. 그 때의 추억을 바탕으로 자연을 아끼고 보호해야겠다는 것을 어른이 되어서까지 내면에 간직하도록 하는 것을 지향한다.

다시 말해, 학생들이 숲에서 마음껏 뛰어놀면서 잊지 못할 추억을 만들어 주는 교육을 하는 것이 목표다. 그러기 위해서는 학생들이 숲의 재미있는 요소를 발견하고 스스로 숲에 들어갈 수 있어야 한다. 더 나아가서 숲에서 재미있는 요소를 찾고, 놀이 거리를 발견하고 친구들과 함께 즐길 수 있어야 한다.

야자 매트를 깔고 숲에 들어가다

숲이 어느 정도 정리되고 나서 중간놀이 활동 시간에 전교생이 함께 하는 숲길 산책 프로그램이 시작됐다. 몇 차례 산책을 하고 나서 교직원 회의 시간에 산책로에 대한 이야기를 나누었다.

"생각했던 것보다 더 괜찮은 프로그램인 것 같다."는 의견과 함께 "뾰족 뾰족 튀어나온 나뭇가지 들이 많아 학생들이 걷기에 불편하고 위험하다.", "조금 더 안전한 산책로를 만들 수 있었으면 좋겠다."라는 제안들이 이어졌다.

학생들이 혹시 넘어져도 다치지 않을 산책로에 대한 고민이 시작되었다. 고민 끝에 산책로를 조금 다듬은 후 야자매트를 깔아보기로 했다. 주문한 야자매트가 도착하자 교직원들이 힘을 모아 산책로에 야자매트를 깔았다. 울퉁불퉁한 산책로에 야자매

야자 매트

숲 길 산책

트를 깔고 나니, 학생들이 넘어져서 다칠 걱정은 많이 덜게 되었다.

그로 인해 숲길 산책이 한동안은 잘 진행됐다. 그런데 며칠이 지나자 학생들이 흥미를 잃기 시작했다. 숲을 스스로 찾는 학생들은 없었고, 선생님들의 고민이 다시 시작됐다. 학생들이 숲과 가까워지게 할 수 있는 방법을 찾기 위한 선생님들의 회의가 몇 차례 이어졌지만, 예산과 안전 등 여러 가지 현실적인 한계들만 확인하게 되었다.

바람개비, 숲에 재미를 더하다

선생님들의 생각만으로는 한계가 드러나고 있을 때, 누군가의 제안으로 학생들의 생각을 물어보기로 했다.

생각해보니 학생들이 숲에 대해서 어떤 생각을 가지고 있는지 묻지 않고 있었다. 학생들을 위한 공간을 만들기 위해 시작된 일인데, 선생님들의 생각대로 숲을 정리해나고 있었던 것이다.

숲은 결국 학생들이 마음껏 뛰어놀면서 추억을 쌓아갈 공간이기에 학생들의 생각이 중요하다.

저학년 학생 중 한 명이 바람개비를 만들어서 숲에 전시하자는 의견을 냈다. 우리 학교 숲은 바닷가에서 불어오는 바람으로 가득한 곳이다. 운동장과 숲의 온도 차이 때문인지 날씨가 더울수록 숲에는 시원한 바람이 더 강하게 불어왔다.

저학년 학생들이 만든 바람개비가 숲 입구에 하나씩 꽂아지기 시작했다. 바람개비들이 각자의 색깔을 뽐내며 돌아가는 모습은 숲을 활기찬 모습으로 바꾸어 놓았다. 다른 학년 학생들도 각자의 꿈을 적은 바람개비를 만들어 숲에 꽂아 두기 시작했다.

바람개비

바람개비가 하나 둘 늘어가면서, 자신의 바람개비를 찾아 숲을 스스로 올라가는 학생들도 하나 둘 늘어갔다. 학생들의 공간을 꾸미기 위해서는 학생들의 생각을 들어보는 것이 중요하다는 것을 느낄 수 있었다.

해먹으로 숲과 가까워지다

숲에 학생들이 원하는 것이 있다면, 학생들과 숲의 연결고리가
되어 줄 무엇인가 있다면, 선생님들이 억지로 학생들을 숲으로 데
려 갈 필요가 없는 것이다. 선생님들이 학생들에게 숲에 무엇이 있
으면 좋겠는지 물었다. 학생들의 생각은 대부분 비슷했다.

"해먹이 있으면 좋겠어요."
"해먹이 있다면 매일 숲에 가고 싶을 거 같아요."
학생들의 의견을 받아들여 숲에 해먹을 설치하고 나니, 스스로

해먹

숲에 올라가는 학생들이 하나 둘 생겼다. 해먹을 설치했을 뿐인데, 학생들은 숲을 자신들의 놀이의 공간이자 쉼의 공간으로 바라보기 시작했다.

문제 상황 해결하기

〈해먹 이용 방법 정하기〉

■ **문제 상황**

- 해먹 5개, 전교생 29명
- 전교생이 제한된 조건에서 골고루 해먹을 즐길 수 있는 방법은 무엇일까?

■ **쉬운 해결 방법**

- 선생님들이 문제를 해결해주기
- 해먹의 개수를 늘려준다

■ **교육적 해결 방법**: 학생들 스스로 문제 해결하기

- 학생자치기구(학생회 등)를 통해 문제 해결하기

■ **주의할 점**: 실패를 허용할 수 있는 분위기 조성이 필요

- 학생들이 정한 규칙이 실패해도 괜찮다
- 규칙을 다시 만들면 된다

삼나무 숲 갤러리에 작품을 전시하다

"학생들의 작품을 숲에 전시해 보자!"

누군가의 제안에 각 학년의 글짓기, 미술 작품들이 하나 둘 숲에 전시되기 시작했다. 그런데 교실에서 만든 작품을 숲에 전시한다는 것은 쉽지 않은 일이었다. 작품이 빗물이나 아침 이슬 등에 젖어 버리거나 손상되는 문제가 발생한 것이다.

교실 속에 전시되어 있던 작품을 숲이라는 공간으로 가져가면서 생긴 문제 상황이다. 문제를 해결해가는 것도 학생들과 선생님들의 몫이다. 여러 고민 끝에 '투명 필름에 작품 만들기', '투명 플라스틱 통에 작품 넣어 전시하기' 등 여러 가지 방법들이 등장했다.

친구들이 만든 작품으로 가득 찬 숲을 학생들은 '숲 속 미술관'이라고 불렀다. 누군가는 '삼나무 숲 갤러리'라고 부르기도 했다. 숲에 자신의 작품이 걸려 있고, 숲에서 친구들의 작품을 보는 것은 새로운 즐거움이었다. 이제 숲은 놀이 공간 이상의 의미를 갖게 되었다.

숲에 작품 전시하기

글짓기 작품

① 글짓기를 한다.

② 투명필름에 유성 펜으로 작품을 표현한다.

③ 나무로 테두리를 만든다.

④ 끈(종이, 마)으로 묶어 나뭇가지 등에 작품을 전시한다.

미술 입체 작품

① 미술 입체 작품을 만든다.

② 투명 플라스틱 통에 작품을 넣는다.

③ 플라스틱 통의 뚜껑을 꽉 닫는다.

④ 끈(종이, 마)으로 묶어 나뭇가지 등에 작품을 전시한다.

자연물을 이용한 미술 작품 만들기

자연물을 재료로 만들기

① 주제를 정한다.

② 숲에서 재료를 모은다.

③ 나만의 방법으로 표현한다.

④ 친구들과 함께 작품에 대해 이야기를 나눈다.

교육가족이 함께
숲을 디자인하다

학생들이 원하는 숲의 모습

숲에 해먹이 생기고, 작품들이 전시되면서 학생들은 자신들이 바라는 숲의 모습에 대해 목소리를 내기 시작했다. 학생 한 명 한 명이 각자가 꿈꾸는 숲의 모습에 대해 이야기하고 싶어 했다. 선생님들은 학생들의 생각을 자세히 들어보기로 했다. '숲을 학생들이 원하는 공간으로 만들어가는 것이 의미 있겠다.'고 생각한 것이다. 학생들의 활발한 참여를 위해 '학교 숲 디자인 대회'를 개최했다. 학생들이 생각을 마음껏 펼칠 수 있는 장을 마련한 것이다. 다만 숲 생태계 보호와 학생들의 안전을 위해 몇 가지 조건을 제시했다.

삼나무 숲을 즐겁게 놀고 재미있는 장소로 가꾸려고 합니다. 여러분의 생각을 그림이나 글로 표현해 주세요. 이런 점은 깊이 생각해봤으면 좋겠어요.

1. 숲에 사는 동식물을 배려하기

(동식물의 공간 지켜주면서 함께할 수 있는 공간)

2. 안전하게 활동할 수 있는가?

(친구들이 다치지 않고 안전하게 활동할 수 있는 공간)

3. 실현 가능한가?

(친구들, 선생님, 부모님의 힘으로 충분히 만들 수 있는 공간)

심사 관점				총점 (100)
친환경적인 생각 (30점)	안전성 (20점)	실현 가능성 (20점)	창의성 (30점)	

제2017- 호

상 장

최우수상

제○학년 ○반
성 명 ○○○

위 학생은 『학교 숲 디자인 공모 대회』에 참가하여 생태계와 함께 공존할 수 있는 숲의 모습을 우수한 작품으로 표현하였기에 상장과 부상을 드립니다.

2017. 9. 18.

금성초등학교장 ○ ○ ○

상장 문구

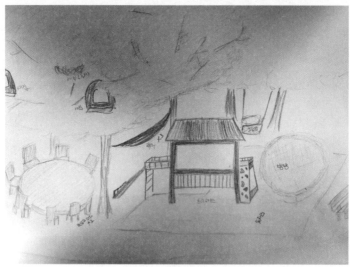

숲 디자인

대회 결과 학생들의 다양한 생각들을 엿볼 수 있었다. 곧이어 학생들이 글과 그림으로 표현한 아이디어들이 실현 가능한지 검토하기 위한 회의를 했다. 학생회 대표와 선생님들이 한자리에 모인 것이다.

먼저 우리가 할 수 있는 것들과 보모님의 도움이 필요한 것들을 정리해보았다.

- 할 수 있는 것: 벤치 만들기, 그네 만들기
- 부모님의 도움이 필요한 것: 모험 놀이터 만들기
- 하기 힘든 것: 트리하우스 만들기, 짚라인 만들기

벤치 만들기와 그네 만들기는 학생들과 선생님들이 함께 힘을 모아서 할 수 있는 것이라 생각했다. 모험 놀이터는 아빠들의 도움을 받으면 가능할 수도 있겠다고 생각했다. 그래서 부모님들과 함께 이야기를 나누어 보고 결정하기로 했다. 트리하우스와 짚라인 만들기는 안전성과 기술적 조언이 필요하기에 하기 힘든 것이라고 생각했다.

일단 벤치 만들기는 시작해보기로 했다. 모험 놀이터와 트리하우스 만들기 등은 부모님들이 도와 줄 수 있는지 회의를 하고 나서 결정하기로 했다.

교장 선생님과 벤치 만들기

학생들이 숲 디자인 대회에서 꿈꾸는 숲의 모습을 구현해가는 프로젝트가 시작됐다. 첫 번째 프로젝트는 벤치 만들기이다. 학생들은 숲에서 앉아서 쉴 수 있는 곳을 원했다. 벤치를 사서 학생들이 원하는 곳에 설치를 해주면 쉽다. 하지만, 학생들이 벤치를 직접 만들면서 여러 가지 문제와 부딪히고, 그것들을 해결해나가면서 큰 배움을 얻을 수 있을 것이라 생각했다. 또한 완성하고 나서의 성취감과 내가 만든 벤치를 여러 사람이 함께 사용하면서 편리함을 나눌수 있다는 것도 느낄 수 있을 것이다.

벤치 만들기는 6학년 학생들과 교장 선생님이 함께 하기로 했다. 6학년 학생들과 교장 선생님은 함께 재료부터 찾아 나섰다. 교장 선생님께서는 마을에 많이 있는 대나무로 만들어보자는 제안을 하셨다. 하지만 학생들과의 회의 끝에 튼튼함과 제작의 편리성 등이 뛰어난 다른 재료를 찾아보기로 했다.

새로운 재료를 찾아 고민하던 때, 낡은 평균대를 이용해보면 좋겠다는 제안이 들어왔다. 평균대를 이용해 벤치를 만든다니, 학생들은 재미있겠다는 반응이었다. 확인해보니 낡은 평균대는 학교에서 사용하고 관리해야 하는 연한이 이미 한참 지나 있었다.

마침 지난 해 새로운 평균대를 구입하고 나서 낡은 평균대를 어떻게 처리할지 고민하고 있었기에 평균대를 활용하는 것은 행정적으로도 큰 문제는 없었다. 안 쓰는 물건을 재활용하여 새로운 가치를 지닌 물건으로 만들어 사용할 수 있다니, 학생들도 상당히 흥미로워했다.

6학년 학생들과 교장 선생님의 고민이 시작되었다.

'어디에 설치할까?'

'평균대의 다리 부분을 잘라낼까?'

'받침대를 어떻게 만들어야 할까?'

'우리 숲은 경사가 있는데, 어떻게 해야 튼튼하고 안전하게 고정할 수 있을까?'

여러 가지 과제와 그에 따른 해결책에 대한 논의가 한참 동안이나 계속 이루어졌다. 몇 번의 논의 끝에 설계도가 완성되었다. 설계도대로 만드는 과정에서도 크고 작은 문제들이 계속 나왔다. 그에 따른 해결책을 고민하고 대안을 선택하는 과정에 학생들은 집중하고 있었다. 결국 기울기를 제대로 맞추지 못해 오랫동안 앉아 있기에는 조금 불편한 벤치가 완성되었다. 조금은 불편했지만 학생들이

교장 선생님과 벤치 만들기

숲에서 잠시 쉬기에는 충분한 벤치였다. 사용하면서 발견된 불편한 점들을 정리해 추후에 보수하는 작업을 하기로 했다.

Tip 〈숲 속 벤치 만들기〉

(문제 상황을 교육적 방법으로 해결해보자!) – 업싸이클링

■ **문제 상황**: 숲에 벤치를 만들자!

■ **쉬운 해결 방법**

 – 학교 예산으로 벤치 구입하기

 – 학생들이 원하는 장소에 설치해주기

■ **교육적 해결 방법**

 – 학생들이 직접 설계하기

 – 선생님의 도움을 받아 만들기

 – 원하는 장소에 설치하기

■ **금성초등학교만의 해결 방법**: 업싸이클링(자원 재활용)

 – 폐목재나 자원 등을 활용하자!

 – 낡은 평균대를 활용하자!

밧줄로 만든 모험 놀이터

'벤치 만들기'가 정적인 활동이라면, '그네 만들기', '모험 놀이터 만들기', '짚라인 만들기'등은 동적인 활동으로 이어질 수 있는 것들이다. 동적인 활동은 학생들이 숲에서 즐거움을 느끼고 잊지 못할 추억을 만들기 위해 반드시 필요하다. 학생들이 원하는 동적인 활동(그네, 모험 놀이터, 짚라인)을 할 수 있는 방법을 고민했다. 숲을 훼손하지 않고 학생들이 마음껏 뛰어놀 수 있는 공간을 만드는 것에 대한 고민이었다. 무엇보다 학생들이 안전하게 활동할 수 있도록 해주는 것도 중요하다.

선생님들의 해결책은 '숲 밧줄놀이'였다. 밧줄을 이용해 모험 놀이터를 만들어 즐기고, 해체하면 다시 원래 숲의 모습으로 완전히 되돌릴 수 있다는 것이 매력적이었다. 아이들이 원하는 모습도 실현 시켜주고, 숲의 훼손도 최소화할 수 있으니 꽤 괜찮은 대안이었다. 전문 강사를 초청한 숲 밧줄놀이는 이틀 동안 진행됐다. 첫날은 밧줄의 성질에 대해 이해하고, 매듭 법을 익히는 활동이 이루어졌다.

이어서 그네, 모험놀이터, 짚라인 등이 밧줄로 만들어졌다. 아이

숲 밧줄놀이

들이 원하는 숲 놀이터가 만들어진 것이다. 이틀째 되는 날은 학생들이 아침부터 숲에 올라가기 시작했다. 숲 놀이터를 즐기기 위한 것이다. 해먹에 누워서 쉬는 학생들, 그네를 타며 친구들과 이야기를 나누는 학생들, 짚라인을 타며 즐거운 비명을 지르는 학생들의 모습을 볼 수 있었다. 학생들은 이미 숲 속에 빠져 있었다.

이튿날 오후에 숲 놀이터를 해체하고, 숲을 원래의 모습으로 되돌려 놓았다. 학생들이 학교 숲에 밧줄을 이용해 직접 놀이터를 만들고, 짚라인을 즐겼던 일은 잊지 못할 추억이 되었을 것이다. 많은 학생들이 "내년에는 계속 즐길 수 있는 숲 놀이터를 만드는 프로젝트를 꼭 했으면 좋겠다."는 제안을 했다. 그리고 이 제안은 실제로 다음 해 새로운 프로젝트로 이어졌다.

문제 상황 해결하기

〈숲 밧줄놀이〉

■ **문제 상황**
- 숲의 훼손을 최소화 하면서 아이들이 원하는 놀이터를 만들자!

■ **쉬운 해결 방법**
- 완성된 놀이기구 구입하여 설치하기

■ **교육적 해결 방법**
- 밧줄놀이 기본 기능 익히기(밧줄의 특성 알기, 매듭 법 이해 등)
- 만들고 싶은 놀이 기구 생각하기(그네, 짚라인, 해먹 등)

■ **주의할 점**
- 안전한 활동 공간 확보하기
- 놀이 기구를 만들 때는 반드시 전문가와 함께하기

가족과 함께 트리하우스 만들기

  학생들이 상상했던 숲의 모습이 하나 둘 완성되어 가면서, 가장 큰 프로젝트인 트리하우스 만들기에 대한 기대감도 커져갔다. 트리하우스 만들기는 지금까지 했던 프로젝트와는 달리 학생과 교사의 힘으로만은 불가능한 것이었다. 학부모와 지역사회의 도움이 필요한 프로젝트였다.

〈트리하우스 만들기 프로젝트 흐름도〉

학교 환경을 활용한 생태교육 여건 분석		
학교 환경		삼나무 숲
교육가족의 요구	학생	트리하우스, 숲 놀이터
	학부모	창의력 신장 교육, 인성교육
	교원	숲 자원 활용 교육
지역사회 자원		학부모, 방과 후 강사(설계 시공)

↓

학생들 생각 들여다보기
숲 디자인 대회

↓

주제 선정
가족과 함께 트리하우스 만들기

↓

교육가족 협의회
부지 선정, 설계도 그리기

↓

교육과정 재구성
교과–창체 간 재구성

↓

프로젝트 진행
트리하우스 만들기 숲 속 음악회

↓

프로젝트 되돌아보기
설문(학교의 자랑거리 묻기) 다음 프로젝트 구상하기

엄마 아빠는 최고 도우미

학교 교육활동을 학부모, 지역주민들과 함께 한다면 교육의 효과가 극대화 된다는 사실은 누구나 알고 있다. 하지만, 막상 학부모와 지역주민들이 학교 교육의 공간으로 들어오는 것은 쉽지 않다.

학부모와 지역주민들이 교육활동을 함께 한다는 것은 학부모, 지역주민, 교직원 모두에게 어색함과 불편함을 감수해야 하는 일이다. 하지만, 학생의 교육적 필요와 효과를 생각한다면 외면할 수 없는 일이다. 특히 교직원 등 학교 내부 역량으로 해결할 수 없는 과제가 있다면, 더군다나 학부모와 지역주민들이 그 과제를 해결하는데 전문적인 역량을 가지고 있다면, 과감히 소통하면서 해결 방법을 함께 고민해보는 것이 필요하다.

아이들이 꿈꾸는 모험놀이터와 트리하우스 만들기는 학교 내부 역량으로 해결하기에 불가능한 프로젝트다. 전문가 또는 전문업체를 통해 진행하자면 감당하기 힘든 큰 예산이 필요하다. 또, 교직원들이 나서서 만들어가기에는 안전성을 담보할 수 없다. 그래서 기술적 재능을 가진 학부모님, 지역사회 주민들과 함께 해보기로 했다.

초등학교 전교생 30여명, 병설유치원 원아 10명이 안 되는 작은 학교이지만, 학교교육 설명회 때가 되면 많은 학부모님들이 학교를 찾아 주신다. 자녀들이 공부하는 모습을 들여다볼 수 있고, 담임 선생님과 상담할 수 있는 기회가 있기 때문이다. 이에 2학기 학교교육 설명회 때 엄마, 아빠의 도움이 필요한 '트리하우스 만들기' 프로젝트와 '도전 놀이터 만들기' 프로젝트에 대해 설명했다. 그리고 학부모님께서 도와주실 수 있는지 프로젝트가 실현 가능하겠는지를 물었다. 학부모님들의 '트리하우스 만들기'에 대한 관심이 매우 컸다. 일단 '트리하우스 만들기'의 사전 협의와 설계를 위한 모임 날짜와 프로젝트를 운영할 날짜를 정했다. 그리고 학부모님 참가 신청서를 받아서 교육가족이 함께 프로젝트를 진행하기로 했다.

참석을 희망하시는 학부모님께서는 신청서를 10월 15일(월)까지 담임 선생님께 제출해주시기 바랍니다.
- 활동 명: 가족과 함께 트리하우스 만들기
- 대상: 전교생, 희망 가족, 전문가
- 세부 일정

일시	장소	주요 활동	비 고
10. 16.(화), 15:00~16:00	도서관	트리하우스 만들기 사전 협의 및 설계	전문가 초청
10. 22.(월) ~ 26.(금) 〈매일 11:00~12:30〉	학교 숲	트리하우스 만들기	전문가 초청

가족과 함께하는 트리하우스 만들기 참가 신청서

(　)학년 학생명 (　　　) 학부모 성명 (　　　) (인)

참가 여부(ㅇ, x): 참가 가능한 모든 날짜에 표기하여 주시기 바랍니다.					
10. 16.(화)	10. 22.(월)	10. 23.(화)	10. 24.(수)	10. 25.(목)	10. 26.(금)
15:00~16:00	11:00~12:30	11:00~12:30	11:00~12:30	11:00~12:30	11:00~12:30

학생, 학부모, 교직원이 함께 모인 첫 자리에서는 먼저 '트리하우스 만들기' 관련해 몇 가지 사례를 살펴보고 우리 학교에서 실현 가능한 모델에 대해 이야기를 나눴다. 그리고 교육가족이 함께 학교 숲에 함께 올라가 트리하우스 부지를 살펴보는 등 구체적인 실현 방안에 대해 논의했다.

학부모-교직원 협의 결과

① 교육가족이 함께하는 프로젝트 학습 취지에 공감함.

② 프로젝트 주제는 '트리하우스 만들기'로 정함.

③ 학부모들도 적극 참여하기로 함.

④ 10. 22.(월) ~ 26.(금)에 프로젝트를 진행하기로 함.

⑤ 전문 강사를 초청 해 기술적 조언(설계, 구조물 관련 규정 등)과 안전성 검증(초등학생 이용 시설물로 적절성, 환경적 요인 등)을 받기로 함.

⑥ 전문 강사 섭외 후에 관련자 회의(전문 강사, 학생 대표, 참가 희망 학부모, 교원 대표 등)를 통해 설계 확정 및 안전성 검증 등을 하기로 함.

바이올린 선생님이 완성한 꿈의 설계도

아빠들이 적극 지지한 덕분에 '가족과 함께 트리하우스 만들기' 프로젝트를 시작할 용기가 생겼다. 학생들이 아이디어를 제안하고 아빠들은 지원을 했고 선생님들은 교육과정 재구성을 했다. 이렇게 프로젝트를 시작할 준비가 된 것이다. 그런데 작은 집을 짓는 프로젝트이기에 설계와 시공을 이끌어 갈 전문가가 필요 했다. 학부모, 지역주민들과 함께 프로젝트를 함께할 전문가를 찾아보았지만, 전문가를 모시기에는 생각보다 큰 예산이 필요했다.

우리 학교에서 수년째 방과 후 학교 바이올린 프로그램을 운영하는 선생님이 있다. 어느 날 바이올린 선생님과 이야기를 나누던 중 건축 관련 설계와 시공 자격을 갖추고 있다는 것을 알게 되었다. 트리하우스 만들기 프로젝트에 대해 이야기를 나눴는데, 바이올린 선생님께서 설계를 맡아주겠다고 했다. 바이올린 선생님과 함께 숲을 살펴보고 아이들이 제안한 그림과 그 동안 진행했던 숲 생태 프로젝트에 대해 이야기를 나누었다. 며칠 뒤 설계도 초안을 만들었다는 연락이 왔다.

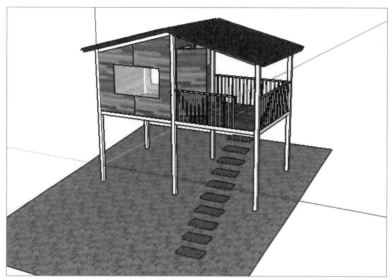

트리하우스 설계도

설계도에 대해 이야기를 나누기 위해 교육가족(학생 대표, 학부모, 교직원, 바이올린 선생님)이 다시 한자리에 모였다.

"2층이었으면 좋겠다."

"2층으로 만들면 계단이 필요할 텐데……."

"방 같은 공간도 있으면 좋겠어요."

"큰 창이 있으면 좋겠어요."

"1층은 벽이 없는 열린 공간이면 좋겠습니다."

교육가족 협의

교육가족의 여러 가지 생각들이 쏟아져 나왔다. 교육가족이 모여 같은 지점을 바라보며, 생각을 나눌 수 있다는 자체만으로도 충분히 의미 있는 시간이었다.

교육가족이 함께 만든 트리하우스

트리하우스 만들기 위해 주변 정리를 시작했다. 엄마들과 지역 아동센터 선생님들도 오셔서 함께 도왔다. 학생들의 안전을 위해 학부모님이 안전모를 구해오기도 했다.

기둥이 세워지고 형체가 드러나자 학생들도 바빠지기 시작했다. 고학년 학생들은 두세 명이 함께 나무토막을 옮겼다. 재활용품인 창문과 목재를 깨끗이 닦고 청소하는 것도 학생들의 역할이었다.

철이 녹스는 것을 방지하는 페인트를 칠하고, 나무판을 고정하는 못을 박을 때는 나무판이 움직이지 않게 꽉 잡는 것도 학생들의 역할이었다.

"땀 흘리며 일하는 것이 이렇게 재미있는지 몰랐다."

"안전모를 쓰고 장갑을 끼고 집을 만들다 보니, 내가 건축가가 된 것 같다."

"이제부터 내 꿈은 건축가 되는 것이다."

이런 말들이 들려왔다.

학생들과 약속한 일정을 맞추기 위해 바이올린 선생님과 지역 주

부지 정리

트리하우스 만들기

민은 주말에도 나와서 작업을 했다. 바이올린 선생님의 헌신적인 재능기부가 없었다면 시작도 못할 일이었다.

적은 예산으로 해야 하는 작업이었기에, 창문 등은 재활용품을 활용했다. 학생들과 선생님, 학부모님들의 노력으로 트리하우스는 빠르게 제 모습을 드러냈다.

3

수업으로
교육가족의 꿈을 실현하다

프로젝트를 위한 교사의 준비

교육가족 요구와 학교 여건이 반영된 프로젝트형 수업을 위해서는 교사의 준비가 필요하다.

첫째, 성취기준을 기반으로 교육과정을 재구성하자! '가르치고 싶은 것을 가르치지 말고, 가르쳐야 할 것을 가르쳐라!'라는 말이 있다. 교육과정을 재구성할 때 성취기준을 무시하거나, 잘못 해석하는 경우가 많다. 프로젝트 주제가 정해지면 교사는 교과 성취기준을 분석해 차시별 학습 내용을 설계할 수 있어야 한다. 또는 성취기준을 충분히 분석한 후 우리 학급 실태에 적합한 프로젝트를 구상할 수 있어야 한다. 프로젝트의 시작을 위해서는 교사가 교육과정

성취기준을 분석하고 재조직할 수 있는 교육과정 문해력을 갖추고 있어야 한다. 또한 이것은 프로젝트의 성공과도 밀접하게 관련되어 있다.

둘째, 실패를 허용하자! 경쟁사회가 가속화되면서 단 한 번의 실패도 용납하지 않는 분위기가 조성되고 있다. 하지만 완벽한 계획에 의해 실패 없이 프로젝트를 마무리한다는 것은 쉽지 않은 일이다. 프로젝트의 결과보다 과정에서 얻게 되는 배움의 가치를 크게 생각해야 한다. 그러기 위해서는 학생들이 가장 안전하게 보호 받을 수 있는 교실 속에서 과감한 도전이 있어야 한다. 그리고 그 과정과 결과에서 나오는 실패를 허용할 수 있는 분위기를 조성해야 한다. 학생들이 실패해도 포기하지 않고, 실패를 극복한 후 성공의 경험을 맛볼 수 있는 기회를 끊임없이 제공해야 한다.

셋째, 학생들에게 협력적으로 문제를 해결할 수 있는 기회를 제공하자! 몇 해 전 JYP(박진영)가 신인 걸그룹 '트와이스' 데뷔 프로젝트인 〈식스틴〉이라는 Mnet의 프로그램에 출연한 적이 있다. JYP는 연습생들에게 먼저 '좋은 사람'이 되어야 한다고 말한다. 그 다음에'열심히 하는 사람', '재능 있는 사람'이 가치가 있다고 한다. 학교에서 이야기하는 좋은 사람, 즉 좋은 학생은 인성을 갖춘 학생이다. 교사는 교육활동을 하면서 끊임없이 인성교육에 대한 고민을 해야 한다. 프로젝트 수업은 인성교육을 자연스레 할 수 있는 장을 만들어 준다. 특히 문제 해결형 프로젝트에서는 문제를 협력적으로 해결하는 경험을 끊임없이 제공해야 한다. 혼자보다는 친구들과 함께 지혜와 힘을 모으는 것이 문제를 더 잘 해결할 수 있다는 것을 경험할 수 있도록 해야 한다.

넷째, 프로젝트 설계 전략을 세우자! 독일의 자동차 회사인 벤츠와 BMW는 오랫동안 라이벌 관계를 유지하면서 성장해왔다. 재미있는 것은 두 회사가 신차를 개발할 때 접근하는 철학이 다르다. 벤츠는 최고의 모델인 S클래스를 선제적으로 개발하고, E클래스, C클래스를 이어서 개발한다. BMW는 기본 모델인 3시리즈에 집중하고, 5시리즈, 7시리즈를 이어서 개발한다. 벤츠는 회사의 모든 역량을 쏟아내 최고의 것을 만든 후, 덜어내기 전략으로 차량을 개발한다.

BMW는 탄탄한 기본 모델을 만든 후, 좋은 것을 하나씩 더해가는 전략으로 차량을 개발한다. 프로젝트를 설계할 때도 두 철학 중에 하나를 선택할 수 있다. 첫 번째 전략은 가능한 모든 요소를 포함하여 최대한 완벽한 프로젝트를 설계한 후 하나씩 덜어내는 것이다.

두 번째 전략은 프로젝트의 뼈대를 주제중심으로 탄탄하게 설계한 후 아이디어를 하나씩 결합해가는 것이다. 학교 구성원의 역량과 의지 등 여건을 고려하여 전략을 선택하는 것이 중요하다.

다섯째, 상세한 계획으로 실천력을 높이자! 열정 있는 선생님들이 학교를 떠나면, 지난 연말에 수립했던 교육계획의 내용이 잊혀버리는 일이 흔히 있다. 학교 실태를 분석하여 최적화된 프로젝트 계획이 수립되었더라도, 프로젝트를 기획했던 선생님들이 학교를 떠나면 프로젝트의 본질이 흐려지거나 사라져 버리는 경우가 많다.

교육공동체가 함께 고민하고 설계한 프로젝트를 수년 동안 지속적으로 유지할 수 있어야 한다. 그러기 위해서는 프로젝트 운영 방향을 사람 중심에서 시스템 중심으로 재편하는 것이 필요하다. 방법은 교육계획을 최대한 상세하게 작성하는 것이다. 프로젝트 주간을 교육계획에 상세하게 명시하는 것은 좋은 방법이다. 가능하면 날짜별 시간표를 작성하면 좋다. 새로 온 선생님들이 프로젝트에 대한 이해가 부족하여 프로젝트를 진행하지 못하는 것보다는, 잘 정선된 프로젝트를 일부 수정하여 진행하는 것이 효과적일 것이라는 전제하에 제안한 방법이다. 학생, 학부모, 지역주민은 프로젝트 진행에 대한 기대감으로 가득한데, 선생님들의 전출입으로 프로젝트가 무산되는 일을 피할 수 있는 방법을 고민해보자는 것이다. 작은 학교의 경우, 작은 학교의 장점을 살려 전교생 공통 프로젝트와 학년별 프로젝트를 조화롭게 구성하여 계획을 세우는 것도 필요하다.

여섯째, 교사들의 협력적 연대로 새로운 가치를 창출하자! 최근 교사들이 자발적으로 모여 교육과정, 수업에 대해 공부하는 모임이 늘어나고 있다. 다양한 연수를 통해 스스로 전문성을 신장시키기 위해 노력하는 교사들도 많다. 이러한 노력들로 학급 교육과정이 다양하고 풍부해지고 있다.

우리 교실만의 최고의 교육과정을 만들었다면, 주변의 다른 교실도 살펴볼 필요가 있다. 다음과 카카오 합병은 상호보완을 통해 상당한 시너지 효과를 발휘하고 있다. 벤츠와 BMW처럼 경쟁 관계에 있는 회사들도 새로운 시장 개척을 위해 협력하고 있다. 교육에 있어서 협력과 연대는 너무나 당연하다.

우리 학급 교육과정을 과감하게 이야기 하고, 다른 학급 교육과정과 함께할 수 있는 요소를 추출하여 공동 교육과정을 만드는 것을 지향해야 한다. 학교 및 학급 간 연계 프로젝트는 학생들의 경험의 폭을 넓혀줄 수 있고, 교사들이 함께 성장하는 장이 될 수도 있다. 작은 학교의 경우 인접 학년과 함께 할 수 있는 프로젝트, 다른 학교와 함께 하는 프로젝트를 시도해볼만 하다. 단 교사 간 공감대 형성이 없이 진행되는 프로젝트는 교사 간의 갈등으로 이어질 수 있으니 유의해야 한다.

최고의 브랜드 + 최고의 브랜드

BMW + 벤츠 다음 + 카카오 삼성 + 애플	1반 + 2반 5학년 + 6학년 A학교 + B학교 초등학교 + 중학교
비용 절감 시간 단축	함께 성장 운영 방법 등 다양화
브랜드 정체성 약화 브랜드 고유의 개성이 희석	(충분한 공감대 형성이 없으면) 교사-교사 간 갈등 심화
시너지 효과 ➡	경쟁력 강화

교육과정을 재구성하자!

교육과정 재구성 방법은 크게 3가지(교과 내 재구성, 교과 간 재구성, 교과–창체 통합 재구성)로 나눌 수 있다. 교과 내 재구성은 교과 성취기준을 기반으로 해서 차시 내용, 단원 내 내용, 단원 간 내용 재구성 방법 등이 있다. 교과간 재구성은 주제를 중심으로 관련 교과 성취기준을 분석하여 재구성하는 방법이다. 교과–창체 통합 재구성은 관련 성취기준이 없는 프로젝트를 운영할 때 창의적 체험 활동을 적극 활용하는 방법이다. 이때는 특히 학교 또는 학급의 여건과 특성을 살린 최적의 프로젝트를 구상하고 실현할 수 있는 방법으로 창의적 체험 활동을 재구성 해야 한다.

| 실태 분석 | ■ 학교실정 및 특색 고려
■ 교육공동체 요구 분석 | 성취 기준 분석 | ■ 교육과정 문해력 확보
■ 교육과정 내용 이해 | 전문성 확보 |

〈성공 Tip〉 적은 학습내용을 가지고, 학생들이 많이 참여하고 활동하는 수업을 지향해야 한다.

〈성공 Tip〉 학생 참여형 수업을 위해 10차시 정도 프로젝트를 구상해야 한다.

교과 내 재구성 (차시, 단원 내, 단원 간)	교과 간 재구성	교과–창체 통합 재구성

Tip 프로젝트 학습

1. 주제중심 통합 프로젝트 학습 구상하기

2. 교과 성취기준의 무리한 해석 피하기

3. 창의적 체험 활동 적극 활용하기

 – 자율 활동: 학교특색, 학급특색 활용하기

영역	활동	1~6학년	
		1학기	2학기
자율 활동	창의 주제 활동–학교 특색	6시간	4시간

 – 동아리: 무학년제 운영(생태, 소프트웨어 등)

 – 봉사활동: 프로젝트 과정 또는 결과에 봉사활동 포함하기

 – 진로활동: 프로젝트를 진로교육과 연계하기

교육과정 재구성으로 완성한 선생님들의 설계도

선생님들이 한 자리에 모여 가을 프로젝트 설계를 위한 협의를 했다. 먼저 학교 곳곳에서 이루어질 생태 프로젝트에 대한 목표에 대해 이야기를 나누었다. 학생들이 프로젝트가 끝난 후에 얻을 수 있는 것이 무엇인지에 대해 고민하고 전교생이 함께할 목표를 설정했다.

프로젝트 목표

- 자연과 깊이 교감하면서 정서적 안정을 꾀한다.
- 숲 속 놀이 학습을 통해 협동심과 배려심을 기른다.
- 숲 속 체험활동으로 아름다운 환경을 지키고 보전하려는 인식 내면화한다.
- 동식물을 관찰하고 탐구하는 활동으로 창의적 사고력을 발현할 수 있도록 한다.

학생 수가 작은 학교의 장점을 극대화하기 위해서는 전교생이 함께하는 활동을 구성하는 것이 필요하다. 시간을 효율적으로 관리하고 '트리하우스 만들기'라는 소 프로젝트를 성공적으로 운영하기 위해 몇 가지 약속을 정했다.

프로젝트 설계를 위한 약속

1. 프로젝트는 1주일(5일) 동안 진행한다.
2. 매일 4시간(1~4교시), 5일 동안 20시간을 확보한다.
3. '트리하우스 만들기'는 전교생이 함께한다.
4. 학년 군별로 함께 운영할 프로젝트를 위해 학년 군별 협의를 추가로 한다.

2학년은 가을 프로젝트를 위해 교과-창체 간 재구성 방법을 적용했다. 전교생이 함께하는 프로젝트인 '트리하우스 만들기' 활동을 중심으로 숲과 학교 주변에서 가을을 느껴보는 프로젝트를 설계했다. 관련 교과(국어, 슬기로운 생활, 즐거운 생활) 성취 기준을 분석한 후 총 20차시의 학습내용을 설계한 것이다.

2학년 가을 프로젝트, 교과-창제 간 교육과정 재구성

주제	시끌벅적 가을 나들이
관련 교과	[국어] : 4.바른 자세로 말해요. [슬생 즐생] : 가을 1-2 ② 현규의 추석 [창체] : 자율 활동
성취 기준	[2국01-04] 느낌과 분위기를 살려 그림책, 시나 노래, 짧은 이야기를 들려주거나 듣는다. [2슬06-02] 여러 가지 자료를 활용하여 가을의 특징을 파악한다. [2즐06-03] 가을과 관련한 놀이를 한다.

차시	학습 요소 및 내용	관련 교과	학생 참여형 수업	평가 방법
1~2	– 숲에서 여러 가지 자연물을 관찰하며 모으기 – 맨발로 낙엽 밟기 등 오감놀이하기	슬생		
3~4	– 트리하우스 연계 구조물에 대해 이야기 나누기	창체	독서토론 수업	
5~6	– 여러 가지 자연물을 이용하여 자연물 액자 만들기	즐생		
7~8	– 트리하우스 연계 구조물 설계도 그려보기	창체		관찰 평가
9~10	– 자연물 액자에 좋아하는 가을 관련 동시 적기 – 숲에서 시 낭송한 후 결과물 전시하기	국어		자기 평가
11~12	– 트리하우스 연계 구조물 만들기 1	창체	협동학습	
13~16	– 트리하우스 연계 구조물 만들기 2	국어	협동학습	산출물 평가
17~18	– 꽃밭과 텃밭에서 동식물 관찰하기 – 관찰 결과를 이용하여 북아트 만들기	슬생	독서토론 수업	관찰 평가
19~20	– 가족 및 지역 주민을 초청하여 악기 연주하기	즐생		자기 평가

주간 시간 운영 계획을 세우면 프로젝트의 실행력을 높일 수 있다. 전교생이 함께할 시간을 우선 배정한 후 학년 특성과 여건을 고려해 시간 운영 계획을 완성했다.

〈2학년 가을 프로젝트 주간 시간 운영 계획〉

[주제] 시끌벅적 가을 나들이
[날짜] 10. 21.(월)~25.(금)

요일 시간	월 (21일)	화 (22일)	수 (23일)	목 (24일)	금 (25일)
1교시	[슬생] 숲 속 자연물 관찰하면서 모으기	[즐생] 자연물 액자 만들기	[국어] 자연물 액자에 가을 관련 동시 적기	[창체] 숲 속 세상 만들기	[슬생] 꽃밭과 텃밭에서 동식물 관찰하기
2교시	[슬생] 오감 놀이하기	[슬생] 자연물 액자 만들기	[슬생] 숲에서 시 낭송하고 액자 전시하기	[창체] 숲 속 세상 만들기	[슬생] 동식물 관련 북아트 만들기
3교시	[창체] 숲 속 세상 만들기	[창체] 숲 속 세상 만들기	[창체] 숲 속 세상 만들기	[창체] 숲 속 세상 만들기	[즐생] 숲 속 작은 음악회
4교시	[창체] 숲 속 세상 만들기	[창체] 숲 속 세상 만들기	[창체] 숲 속 세상 만들기	[창체] 숲 속 세상 만들기	[즐생] 숲 속 작은 음악회

숲 속 음악회,
공간에 가치를 더하다

6학년, '숲 속 음악회'를 제안하다

트리하우스가 거의 완성되어갈 쯤, 교육가족의 즐거운 고민이 시작되었다. '트리하우스를 어떻게 활용할까?'라는 고민이었다. 일단, 트리하우스 완성을 축하하고 알리는 작은 축제를 열기로 했다. 6학년 학생들이 '숲 속 음악회'를 제안했다.

설계부터 시공까지 큰 도움을 준 바이올린 선생님과 함께 하는 '숲 속 음악회'라니 너무 의미 있는 아이디어였다. 바이올린 선생님께서도 '너무 재미있겠다.'며 '트리하우스 완성 기념 숲 속 작은 음악회'에 대해 흔쾌히 동의해주셨다.

준비할 수 있는 시간이 많지 않았지만, 전교 학생회는 프로그램

선정과 시나리오 작성에 나섰다. 학생들은 수업 시간과 방과 후 학교 시간에 배웠던 악기와 노래를 중심으로 프로그램을 구성하고 연습을 시작했다.

학년	프로그램
유치원	동요 합창
1~2학년	오카리나 연주
3~4학년	바이올린 연주
5~6학년	창

마을 사람들을 초대하자!

숲 속에서 이루어지는 작은 무대이지만, 학생회에서는 고민할 것들이 많았다. 먼저 누구를 초대할 것인지에 대해 논의가 시작됐다. 준비 기간이 짧아 공연 완성도에 대한 걱정이 많았지만, 가족과 마을 주민을 초대하기로 했다. 6학년 학생들은 각자의 방법과 느낌으로 초대장을 만들었다. 학생들은 숲 속 음악회는 평생 잊지 못할 것 같다고 했다. 직접 프로그램을 만들고 초대장을 만들다보니 학생이 학교에서 할 수 있는 역할이 많다는 것을 느꼈다고 했다.

스마트 기기로 만든 초대장

초대장 모음

숲 속에 울려 퍼진 감동의 하모니

　음악회 날이 되어, 가족들과 마을 주민들이 자리를 채우기 시작했다. 졸업 후 정말 오랜만에 학교를 찾았다는 마을 주민은 '우리 학교를 이렇게 멋진 공간을 만들어줘서 너무 감사하다.'는 말씀을 수차례 하셨다.

　약속된 시간이 되자, 학생회장의 진행으로 음악회가 시작되었다. 학생들은 수업 시간과 방과 후 학교 시간에 익힌 솜씨를 마음껏 뽐냈다. 가족들과 마을 주민들은 트리하우스를 객석 삼아 공연을

숲 속 음악회 전경

즐겼다. 숲 속에서 하는 음악회는 공간이 주는 특별한 분위기 때문인지 신비로운 느낌마저 감돌았다. 칡넝쿨과 풀이 우거져서 한 발짝도 들어가기 힘들었던 숲에, 학생들의 작품이 전시되고 트리하우스가 들어서 음악회까지 할 수 있다니 모두에게 잊지 못할 추억이 되었을 것이다.

트리하우스에서 무엇을 할까?

트리하우스가 완성되고 나서, 숲을 스스로 찾는 학생들이 하나
둘 늘어갔다. 트리하우스에 올라가서 시원한 바람을 맞고, 트리하
우스 옆에서 해먹을 즐기고, 1층에서 도토리를 가지고 노는 학생들

트리하우스

의 모습들을 볼 수 있었다. 수업을 트리하우스에서 하자는 학생들의 제안에 따라, 숲 속에서 공부를 하는 학년들도 있었다. 미술 작품을 트리하우스 안에서 만들고, 만든 작품을 숲 속에 바로 전시하기도 했다.

새로운 공간이 만들어지고 나면, 그 공간을 활용한 여러 가지 새로운 활동들이 일어난다. 따라서 공간을 설계하는 단계에서 완성된 공간에서 무엇을 할지 깊이 고민해보는 활동이 반드시 필요하다. 그 과정에 학생, 학부모, 교직원 등 교육가족이 함께 참여하면 활용도 높은 공간이 만들어질 것이다.

다시 학생들의 이야기를 들어보자!

금성초등학교는 연말이면 다음해 교육계획을 수립하기 위해 학생들에게 우리학교의 자랑거리에 대해 설문조사를 한다. 사실 설문조사 결과는 수년째 같았다. 곧 쏟아질 듯 학교를 둘러싸고 있는 금골산, 본관 건물 바로 옆에 있는 보물(금골산 5층 석탑)은 누가 봐도 우리 학교의 자랑거리이자 상징과 같은 존재였다. 그런데 2018년 말, 우리학교의 자랑거리는 묻는 설문조사에서는 놀라운 결과가 나왔다.

대부분 학생이 삼나무 숲과 트리하우스를 우리 학교의 자랑거리로 이야기하고 있었다. 이유는 삼나무 숲에서 했던 활동들이 너무 즐거웠다. 트리하우스를 만드는 과정이 재미있었고, 마음껏 놀고 쉴 수 있는 공간이 있다는 것이 자랑스럽다는 것이었다.

특히 학교 숲 디자인 대회에서 나왔던 의견들이 대부분 실제로 삼나무 숲에 만들어졌다는 것에 대한 놀라움도 큰 듯했다. 교육가족이 함께 삼나무 숲에서 했던 활동들이 학생들에게 의미 있는 추억으로 남아있는 것 같아 너무 감사한 마음이 들었다.

트리하우스

트리하우스에서 학교 바라보기

우리 학교의 자랑 거리는?

2017년 12월	2018년 12월
1위: 금골산 2위: 금골산 5층 석탑 　(보물 제529호)	1위: 삼나무 숲 2위: 트리하우스

숲에서
무엇을 할 수 있을까?

생태전문가와 함께 학교 숲 들여다보기

숲은 생태 교육의 최적의 장소이다. 학교 숲을 자세히 들여다보기 위해 생태교육전문가를 초청해 '애벌레의 꿈'이라는 프로젝트를 진행했다. 3학년 과학과 교육과정(3학년 1학기 동물의 한살이)에서 영감을 얻어 학교 숲에 있는 곤충의 한 살이를 알아보는 프로젝트였다. 먼저 교육가족이 한자리에 모여 곤충에 관한 책을 읽었다.

읽은 책에 대해 함께 이야기를 나눈 후, 우리 학교 숲에 있는 곤충을 관찰했다. 숲과 숲 주변에서 무당벌레 애벌레와 번데기, 노린재의 알과 어른 벌레 등을 많이 관찰할 수 있었다. 숲에서 내려와 무당벌레와 노린재의 한살이를 정리했다. 마지막으로 나무 조각과

무당벌레 애벌레

무당벌레 번데기

무당벌레 만들기

은행알 등을 이용해 무당벌레 애벌레와 성충들 표현해보는 활동을
했다.

  동물이 한 살이 관련해서 3학년 과학책에는 배추흰나비 한 살이
관찰하는 것이 예시 자료로 나와 있다. 따라서, 많은 학교에서 배추
흰나비 기르기 세트를 구입하여 완전 탈바꿈을 하는 동물의 한 살
이를 공부한다. 그런데, 숲이나 텃밭을 자세히 들여다보면 무당벌
레(완전 탈바꿈)와 노린재(불완전 탈바꿈) 등을 쉽게 관찰할 수 있다. 학

교 숲에서 완전탈바꿈, 불완전탈바꿈을 하는 곤충을 직접 관찰할 수 있는 것이다.

동식물 관련 책 함께 읽기

↓

학교 숲 곤충 관찰하기

↓

곤충의 한살이 정리하기

↓

곤충의 한 살이 작품으로 표현하기

'현미경 속 세상 사진 찍기' 대회

숲에는 수많은 식물들이 살고 있다. 특히 여러 나무에서 떨어진 나뭇가지와 나뭇잎 등 관찰할 수 있는 요소들이 수없이 많다. 이것들을 현미경으로 자세히 관찰하는 것은 학생들이 식물들을 또 다른 시각으로 바라볼 수 있게 해준다.

작은 곤충들을 관찰하는 것도 학생들에게 의미 있는 활동이다. 학생들이 숲 속 동식물을 의미있게 관찰할 수 있도록 하기 위해 '현미경 속 세상 사진 찍기 대회'를 했다. 이 대회는 학생들이 현미경으로 숲 속 동식물을 관찰한 사진을 찍고, 사진에 대해 자세히 설명해보는 대회이다. 관찰 내용을 기록할 때는 과학적 방법을 사용하고, 관찰한 내용을 기반으로 이야기를 꾸밀 때는 인문학적 상상력을 더할 수 있게 구성했다.

숲 속 동식물 관찰하기

↓

자세히 관찰할 대상 선정하기

↓

현미경으로 관찰하기

사진 찍기

↓

사진 주제 정하기

↓

사진에 대해 자세히 설명하기

<현미경 속 놀라운 세상>

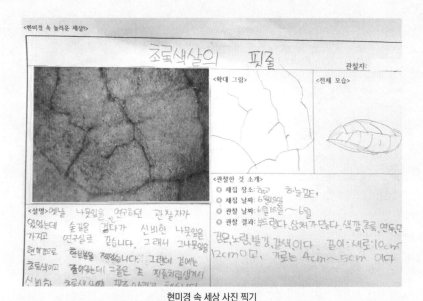

초록색살의 핏줄

관찰자:

<확대 그림> <전체 모습>

<관찰한 것 소개>
◎ 채집 장소: 학교 하늘꽃밭
◎ 채집 날짜: 6월 9일
◎ 관찰 날짜: 6월 18일 ~ 6월
◎ 관찰 결과: 부드럽다. 상처가 많다. 색깔 초록, 연두만
검은,노랑,빨강,갈색이다. 길이: 세로 10cm
12cm이고, 가로는 4cm~5cm 이다

<설명>옛날 나뭇잎을 연구하던 관찰자가
있었는데 숲길을 걷다가 신비한 나뭇잎을
가지고 연구실로 갔습니다. 그래서 그나뭇잎을
현미경으로 관찰을 했습니다. 그런데 겉에는
초록색이고 줄기있는데 그줄이 꼭 핏줄처럼생겨서
신비한 초록색 ...

현미경 속 세상 사진 찍기

화산 폭발

관찰자: (   )

<확대 그림> <전체 모습>

<관찰한 것 소개>
◎ 채집 장소: 하늘꿈터
◎ 채집 날짜: 6/9
◎ 관찰 날짜: 6/9
◎ 관찰 결과: 길이는 2cm 4mm 이고 넓이는 4mm 이다
느낌은 저철저철하고, 가시가 모여있는 것 같고
색깔은 고동색 이다

설명>이것은 마치 화산이 폭발 하는 것 같
때문 입니다
주황 색깔은 마그마 같기 때문입니다

현미경 속 세상 사진 찍기

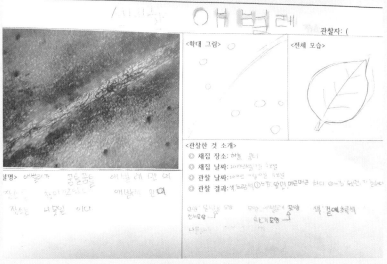

현미경 속 세상 사진 찍기

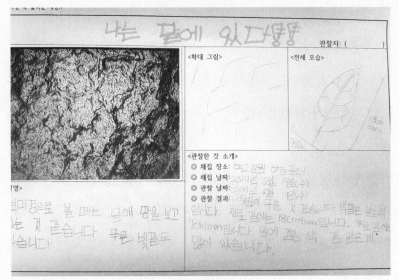

현미경 속 세상 사진 찍기

다시 숲을 디자인하다

내년에는 무엇을 할까?

일 년 동안 숲에서 이루어진 프로젝트로 학생들은 숲이라는 공간을 새롭게 바라보기 시작했다. 특히 트리하우스를 만드는 큰 프로젝트에 참여하면서, 우리가 원하는 것은 무엇이든 만들어질 수 있다는 자신감을 가지게 되었다.

트리하우스가 완성된 지 얼마 지나지 않아 '내년에는 숲에서 무엇을 할까?'라는 이야기들이 들려오기 시작했다. 삼나무 숲에 만들어진 새로운 공간이 또 다른 새로운 프로젝트의 출발점이 된 것이다. 학생들과 프로젝트를 되돌아보는 이야기를 나누었다.

학생들이 가장 아쉬워했던 것은 숲 속 놀이터였다. 밧줄로 만든

숲 놀이터

놀이터는 재미있기는 했지만, 며칠 후에 밧줄을 걷어내고 놀이터가
사라져 버려 너무 아쉬웠다는 것이다. 그래서 '내년에는 트리하우
스 옆에 놀이터를 만들자'는 제안이 이어졌다. 학생들이 제안한 '숲
속 놀이터 만들기'는 다음해 교육계획에 전교생이 함께하는 공통

프로젝트로 정해졌다. 숲 공간을 새롭게 바꾸어 나가는 이 프로젝트 역시 부모님과 지역주민 등 교육가족이 모두 힘을 모아 성공적으로 마무리 되었다.

3부

창의융합형 과학실 만들기

〈영역단위 공간혁신 프로젝트〉

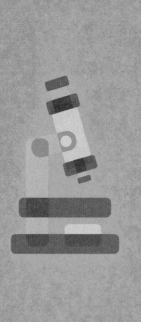

들어가기

학교에는 다양한 공간이 있다. 학생들이 뛰어오는 운동장, 수업을 듣는 교실, 밥을 먹는 급식실. 그리고 교실 중에서도 과목의 목적에 맞게 구성된 특별실이 있다. 각각의 공간은 쓰임이 달라서 저마다의 모습을 하고 있다. 과학실은 대부분의 학교에서 따로 특별실을 만든다. 실험 도구가 많고 실험에도 잘 오염되지 않는 책상을 사용한다. 음악실은 방음벽이 설치된다. 피아노와 여러 악기들이 놓여있고 부족한 경우 악기들을 정리할 자료실도 있다. 최근에는 메이커 교육에 맞추어 컴퓨터, 3D프린터, 여러 공작 도구를 구비해 놓은 곳도 있다.

공간혁신에 따라 학교의 모습이 달라지고 있는 것처럼 특별실의 공간도 변하고 있다. 수업에 필요한 도구를 구비하고, 책상을 배치하는 것을 넘어서 교수학습 방법에 따라 공간을 구성한다. 과학실을 구축할 때, 기존의 획일화된 모습에서 벗어나 학교의 특성과 교수학습 방법에 맞는 공간을 구성한다.

각 학교에서 영역별 공간혁신을 할 때를 과정을 함께 살펴보려고 한다. 내가 공부하고 경험한 것들을 함께 나누면서 공간혁신을 고민하는 사람들에게 작지만 조금의 도움이 되면 좋겠다.

1

계획을 세우는 첫 걸음

학교에 필요한 공간 상상하기

영역단위 공간혁신 중에서 과학실을 중심으로 이야기를 풀어가 보려고 한다. 학교에서 필요한 과학실의 모습을 여러 조건에 따라 분류해 봤다. 학교에 필요한 공간을 상상할 때 참고해 보자.

첫째, 용도를 생각한다. 특별실은 학교의 규모에 따라 해당 수업을 위한 전용 공간이 될 수도, 방과 후 수업 등 다양한 수업과 함께 사용되는 공간이 될 수도 있다. 둘째, 수업에서도 실험, 토의토론, 프로젝트, 메이커교육 등 교수학습 방법에 따라 공간 구성이 달라진다. 셋째, 학교 급에 따라서도 차이가 난다. 교육과정의 내용에

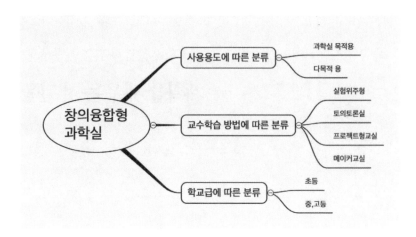

따라 적합한 교실의 모습이 달라진다.

과학실 사용 용도에 따른 분류

학교의 규모가 커서 과학실이 다른 용도로 사용되지 않는다면 그 교실은 과학 수업에 최적화해서 공간을 구성할 수 있다. 교실의 중앙엔 실험이나 토의 활동이 가능한 모둠 책상이나 사다리꼴 책상이 있을 것이다. 주변에는 실험 물품을 보관할 수 있는 장도 설치한다. 실험과 실험도구 세척를 위한 수전도 필요하다.

반면 학교의 규모가 작다면 과학실은 과학 수업만을 위한 공간이 아니다. 미술실이나 방과 후 수업 장소로 사용되기도 한다. 이럴 때에는 구조를 마음대로 구성하기에 어렵다. 여러 선생님이 다양한 과목의 수업을 운영해야하기 때문이다. 예를 들어, 실험에도 적합하고 미술에도 적합한 큰 책상이 들어온다. 물품을 넣을 장에는 과학 실험 물품과 미술 물품, 방과 후 물품들이 함께 수납된다.

교수학습 방법에 따른 분류

만약 실험 중심의 과학실을 구성한다면 가장 중요한 부분은 안전하고 정확한 실험이 가능한 공간을 구성하는 것이다. 책상은 보통 모둠이나 2인으로 앉을 수 있도록 구성한다. 안전한 실험을 위해 책상은 충분히 넓고 평평하게 제작한다. 상황에 따라 두 명 또는 네 명도 함께 연구할 수 있도록 책상을 움직이기 편하게 제작한다. 실험에 필요한 준비물은 자료실이나 가까운 자료함에 배치된다. 자료실이 따로 있다면 다행이지만 그렇지 않다면 교실의 벽은 자료함으로 채워진다. 약품을 보관할 곳과 실험폐수 보관함이 필요하다.

토의토론을 중심으로 한 공간 구성에서는 책상의 크기가 작아진다. 학생들은 서로 가까이 마주하고 대화한다. 교사가 문제 상황을 제시하고 교과 내용을 전달하기 위한 컴퓨터, 전자칠판이 구성된다. 특히 요즘에는 자료 조사를 위해 학생마다 태블릿 PC를 자주 사용한다. 그래서 인터넷을 사용하기 위한 무선 인터넷 환경은 필수다.

학생들은 조사한 자료를 프리젠테이션 프로그램이나 문서작성 프로그램으로 정리한다. 예전에는 학생들이 만든 자료를 전자칠판에 나타내기 위해 USB 저장 매체나 교사의 메일로 보내서 교사용 컴퓨터에서 파일을 여는 방식을 사용했다. 요즘에는 미러링 프로그램을 설치하여 파일을 바로 전자칠판에 전송할 수 있다. 또는 동글이를 사용하여 태블릿 PC의 화면을 전자칠판에 나타내기도 한다. 메신저 프로그램이 설치되어 있는 태블릿이나 핸드폰을 이용하기도 한다.

프로젝트 중심의 공간은 다양한 학습이 가능한 공간 구성을 바탕으로 한다. 문제 상황이 제시되면 필요한 물품을 찾고 스스로 이용할 수 있게 한다. 학생이 공간을 자유롭게 이용할 수 있도록 한다.

학교 급에 따른 분류

학교 급에 따라서도 공간은 달라진다. 초등에서 학습 내용은 간단한 실험을 하고 결과를 바탕으로 토의하고 발표하는 수업이 주를 이룬다. 그래서 과학실에서 서로 소통하고 발표할 수 있는 공간 구성이 중요하다. 중등에서는 과목에 따라 전문적인 실험도구가 필요하다. 그래서 별도의 실험 교실을 구성하는 것이 좋다.

물품에서도 차이가 있다. 특히 화면에 대해서 이야기해보면, 초등과 중등에서 필요한 화면의 수는 다르다. 초등에서는 1개 또는 2개의 화면이 적절하다. 교사용 화면과 학생용 화면이면 충분하다. 수업 상황에서 대부분 교사가 화면 작동을 도와줘야 하기 때문에 교사 한 명이 2개 이상의 화면을 사용하는 것은 어렵다.

그리고 여러 개의 화면을 사용하면 학생들의 집중력이 분산될 수 있다. 반면 중등에서는 더 다양한 화면을 제시해도 좋다고 생각한다. 학생들 각 자가 기기를 사용할 수 있고, 필요에 따라 모둠별로 제작한 자료를 한꺼번에 제공할 수 있다.

공간의 성격 이해하기

창의융합형 교수학습 설계

학교 공간을 구성하다보면 이런 고민이 든다.

'매해 이 교실을 사용하는 사람이 다른데 지금 만드는 공간이 내년에도 잘 사용될까.'

그럴 때 중심을 잡아주는 것이 구축하고 있는 영역의 특성을 생각해보는 것이다.

'창의융합형 과학실'의 상황을 살펴보자. 이 공간의 목적은 2015 교육과정이 잘 실현될 수 있는 과학실을 구성하는 것이다. 학생들은 다양한 기자재를 활용하면서 주도적으로 학습에 참여한다. 학습에 참여할 때는 조사, 정리, 토론, 발표 등이 잘 이루어지도록 한다. 교사는 지식을 단순히 전달하기 보다는 지식을 얻기까지의 과정을 함께하고 도움을 주는 역할이다.

그래서 '창의융합형 과학실'은 '공간의 분리'를 중요하게 생각한다. 교실 환경이 학생의 심리와 학습에 미치는 영향을 미친다는 사실은 많이 알고 있다. 그리고 '공간의 분리'는 학습 과정에 따라 달라지는 학습 공간이 학습 효과를 높인다고 말한다.

공간을 분리할 때는 크게 '발표'영역, '학습'영역, '실험'영역, '멀티미디어'영역, '학습 자료'영역 등으로 공간을 분리한다.

'발표'영역에서는 교사의 문제 제시가 이루어진다. 이 공간에서 발표자는 자신의 발표 내용을 잘 전달할 수 있어야 하고, 전달받는 사람은 집중할 수 있는 배치가 필요하다. 그래서 발표 내용을 함께 전달할 수 있는 전자칠판이나 빔 프로젝터가 준비된다. 전달 받는 사람은 책상이 없이 긴 의자만 놓여 있거나 몇몇은 서서 들을 수도 있다. 이 공간에서는 발표자가 전달하고자 하는 내용이 듣는 사람에게 잘 전달될 수 있도록 구성하는 것이 중요하다.

'학습' 영역은 학생들이 자료를 조사하거나 구조화하기 위한 공간이다. 토의토론 활동에서 자료를 조사하고 토의하며 정보를 정리할 수 있는 곳이다. 공간은 획일화하지 않아도 된다. 책상에 앉아도 되고 바닥에 앉아도 된다. 창틀이나 복도 쪽에 바 형식의 책상을 구성하여 공간을 제공하기도 한다. 모둠별 학습 공간으로 교실의 가장자리나 복도 쪽에 공간을 별도로 제공하기도 한다. 어떻게 보면 학생이 원하는 장소가 '학습'영역이 된다.

'실험'영역은 일반적인 실험중심의 교실 배치와 비슷하다. 다만 학생들의 자율적인 탐구를 중요하게 생각해서 스스로 실험 물품을 가져와 사용할 수 있도록 배치된다. 학습에 필요한 재료를 찾는 것도 공부다.

'멀티미디어' 영역은 학생이 필요한 자료를 찾는 공간이다. 매체로는 책, 태블릿 PC, 컴퓨터, 노트북 등 이 있다. 대부분은 태블릿 PC나 노트북을 배치한다. 전자 기기를 잘 이용하기 위해 충전함을 함께 설치하기도 한다.

'학습 자료' 영역은 학습에 필요한 물품을 정리하여 놓은 곳이다. 학생들이 쉽게 접근할 수 있고 필요한 물품을 빠르게 찾을 수 있도록 정리한다.

활용도를 높이는 기자재와 물품 선정 방법

한 번 사면 교체가 어려운 기자재 구입

기자재 목록

학생용 책상과 의자, 교사용 책상과 의자,
전자칠판 (또는 빔 프로젝터), 수전

학생용 책상과 의자

교실에서 가장 많은 공간을 차지하는 것은 책상과 의자다. 그 중에서도 학생용 책상과 의자가 공간을 가장 많이 차지한다. 책상과 의자를 구입할 때 고려해야할 점은 학생 수와 수업 방식이다. 한 반의 학생수가 30명이라면 책상과 의자는 최소 30개는 되어야 한다. 그런데 그 공간에서 정규 수업 뿐 아니라 특별 프로그램이나 학교 행사가 진행될 수도 있다면 추가 인원까지 고려한다.

수업 방식도 고려한다. 실험위주의 실험이 이루어진다면 실험하기에 용이한 책상과 의자가 필요하다. 책상 상판의 재질은 튼튼하고 쉽게 오염이 되지 않아야 한다. 그리고 실험에 수전을 많이 사용

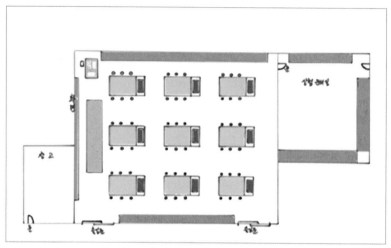

과학실 또는 연수실 (before)

한다면 책상마다 수전을 설치한다. 전통적으로 이러한 책상 배치가 과학실에 필요해서 4인 모둠 책상과 그 옆에는 각각 수전을 설치해 왔다.

이런 책상 배치의 문제점은 책상 배치를 쉽게 옮길 수 없다는 점이다. 개별 학습을 하거나 전체 학습을 진행할 때에도 항상 모둠학습 배치를 할 수 밖에 없다. 요즘 초등학교 과학과 교육과정에서는 복잡하고 위험한 실험이 줄어들고 원리를 파악하는데 용이한 실험으로 대체되고 있다.

그래서 교실에서도 실험도구만 준비되어 있다면 과학수업이 가

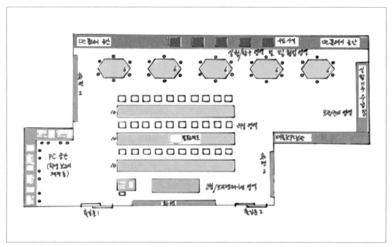

창의융합형 과학실 (After)

능할 정도이다. 책상 배치를 바꿀 수 없다는 것은 공간을 실험실의 용도로만 사용하게 한다. 그래서 발표를 하거나 토론 활동이 있는 수업에는 사용하기 불편한 공간이 되는 것이다.

그래서 최근에는 다양한 배치가 가능하도록 책상의 모양을 결정한다. 교실에서 많이 사용되는 1인용 직사각형모양의 책상이나 이를 좀 더 길게 만든 2인용 책상이 있다. 그리고 사다리꼴 모양의 책상도 있다. 이렇게 되면 비교적 책상을 이동하기에 편리해진다. 모둠별 실험이 필요할 때에는 2개 또는 4개의 책상을 붙여서 사용한다. 개인별 학습이나 발표활동에는 책상을 발표자가 향하게 배치할 수 있다. 신체활동이 많이 포함된 수업을 할 때에는 책상을 한쪽에 몰아놓고 수업을 진행할 수 있다.

교사용 책상과 의자

대부분 교사용 책과 의자는 한 개씩 준비된다. 담당 교사가 교실에 상주한다면 개인 물품이 많을 것이다. 그래서 큰 책상에 컴퓨터가 배치되고, 서랍장도 한 쪽에 배치된다.

만약 교사용 책상에 수납공간이 많이 필요하지 않는다면 공간을 적게 차지하는 책상도 생각할 수 있다. 흔히 대학교에는 컴퓨터와 모니터만 배치된 '멀티미디어 교탁'이 배치된다. 이를 이용할 경우에는 공간을 절약할 수 있다.

전자칠판(또는 빔 프로젝터)

기자재 중에 가장 많이 사용하는 것은 전자칠판이다. 전자칠판은 교사가 준비한 수업자료를 학생들이 볼 수 있도록 큰 화면에 나타내 주는 역할을 한다. 전자칠판도 많은 발전을 거쳐 스마트 펜이나 손가락을 인식하여 일반 칠판처럼 글을 쓰거나 마우스처럼 컴퓨터를 조작할 수 있게 되었다. 작동도 빠르게 되고 화질도 선명해서

아주 유용하게 사용된다. 문제점은 가격이 매우 비싸다는 것이다. 가격이 매우 비싸서 터치 스크린 기능은 되지 않는 텔레비전을 사용하는 곳도 많다.

최근 수업에서는 결과물을 전자문서로 만들고 발표하는 경우가 많다. 수업 과정에서도 학생들의 결과물을 중간에 화면에 보여주는 경우도 많다. 그래서 최근에는 빔 프로젝터를 수업에 활용하는 경우가 많다. 빔 프로젝터는 비교적 설치비용이 저렴하고 화면의 크기를 상황에 따라 조정할 수 있어서 편리하다. 기존에 잘 사용되지 않았던 이유는 빔 프로젝터의 전원을 켜는 과정에서 시간이 많이 소요되고 스크린과 빔 프로젝터를 설치하는 공간이 자리를 많이 차지한다는 점이다.

기존 빔 프로젝터의 단점을 보완하기 위해 단초점 빔 프로젝터가 나왔다. 이 프로젝터는 상이 맺히는 화면과 프로젝터 사이의 공간이 매우 가깝다. 그래서 화면과 가까운 천장에 프로젝터를 설치할 수 있고 공간을 적게 사용한다. 그리고 전원을 빠르게 켜고 끌 수 있다. 수업에서는 화면을 켜고 끌 일이 자주 있는데 이 장점 덕분에 빔 프로젝트 설치를 고민하고 있다면 단초점 빔 프로젝터를 추천한다.

빔 프로젝터의 단점으로는 전자칠판에 비해 밝기와 화질이 낮다는 점이다. 최근에는 밝기가 많이 밝아지기는 했지만 여전히 전자 칠판에 비하면 어둡고 선명하지 않아서 전자칠판과 빔 프로젝터가 함께 설치되어 있는 공간에는 여전히 전자칠판을 많이 사용하게 된다. 초점이 맺히는 화면의 재질에 따라서 밝기와 선명도가 바뀐다는 점도 고려한다.

수전

과학실은 다른 교실과 다른 점이 수전이 있다는 점이다. 수전은 과학 실험 준비 단계와 정리 단계에서 각각 필요하다. 특히, 사용한 실험 기구를 정리하는 과정에서 수전은 꼭 필요하기 때문에 설치는 필수적이다. 그런데 전통적으로 모둠마다 한 개씩 설치되던 수전은 그 숫자를 줄여나가고 있다. 수전이 교실 중간에 있게 되면 책상 배치를 바꾸기 어렵고, 공간을 많이 차지하기 때문이다.

그래서 수전을 창가나 복도 쪽에 설치하는 곳이 많다. 수전의 숫자도 필요에 따라 적게는 두 군데만 설치하기도 한다.

수업에 필요한 물품 구입

물품 목록
물품: 태블릿(또는 노트북), 공작도구, 3D프린터, 미러링기기

태블릿(또는 노트북)

교과서를 제외하면 교실에서 가장 많이 사용하는 교구는 태블릿이다. 태블릿은 주로 자료를 검색하거나 자료를 이용해 발표 자료를 만드는데 사용한다. 태블릿을 사용하기 위해서는 와이파이에 연결할 수 있도록 시설을 구축해야한다.

태블릿의 장점은 크기가 작아서 개인별로 사용하기 편하다. 손가락이나 스마트 펜을 사용하면 직접 글을 쓰거나 그림을 그릴 수도 있다. 키보드 입력이 필요할 때에는 블루투스 키보드를 이용할 수 있다. 사용하고 난 뒤에 정리도 비교적 간편하다. 태블릿 보관함에 넣어두면서 충전기도 함께 사용할 수 있다.

단점으로는 프로그팸 이용에 제한이 있다는 점이다. 일반 컴퓨터에서 실행되는 프로그램 중에 태블릿에는 호환이 안되는 것들이 있다. 대표적으로 윈도우

환경에서 설치해서 사용하던 프로그램이다.

태블릿과 함께 비교할 수 있는 교구는 노트북이다. 노트북은 일반 컴퓨터에 비해 공간을 적게 차지하면서 이동이 가능한 장점이 있다. 그리고 성능은 일반 컴퓨터 보다는 낮지만 태블릿 보다는 높아서 교육용 프로그램을 실행하기에는 대부분 충분하다.

노트북은 발표 자료를 만들 때 효율이 높다. 마우스와 키보드를 이용한 문서작성은 익숙하기도 하고 편리하다.

공작도구

공작 도구는 무엇인가를 제작하기 위한 도구다. 대표적으로는 3D프린터, 3D펜, 공구 등이 있다. 3D프린터는 최근에 메이커 교육을 위해 중요한 교구로 자리잡고 있다.

3D 프린터를 사용할 때 설계, 파일변환, 제작의 단계를 거친다. 설계는 여러 가지 프로그램이 있는데 크게는 인터넷 환경에서 바로

가능한 방식과 프로그램을 설치하여 이용하는 방식이 있다. 인터넷 환경에서 바로 사용하는 방식은 설치가 필요 없고 대부분 무료라서 이용하는데 편리하다. 기본적인 기능에 충실하지만 다양하게 적용이 가능해서 학생이 원하는 대부분의 설계가 가능하다. 컴퓨터에 설치해서 사용하는 방식은 전문적인 설계가 가능하다는 장점이 있다. 반면에 설치 프로그램을 구입해야 하는 경우가 많고, 비교적 다루기가 어렵다는 단점이 있다.

파일을 변환할 때에는 설계 파일을 3D 프린터가 제작할 수 있는 파일 형태로 바꾸는 작업이다. 3D 프린터는 종류가 다양하고 가격대도 천차만별이다. 대개 가격이 높아질수록 제작할 수 있는 공간이 커지게 되어 크게 제작할 수 있다. 속도가 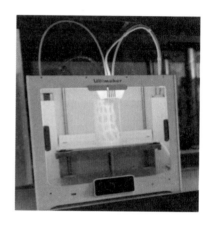 빨라지기도 하도 자동 초점 조정 등 제작이 편리해지는 장점이 있다. 반면에 가격이 올라가서 예산에 따라서는 구입할 수 있는 대수가 줄어들게 된다.

저렴한 3D 프린터 중에는 기본적인 기능에는 충실하면서 크기의 작은 것들도 많다. 3D프린터를 학생들과 적용해보기 위해서는 최소 2명이나 3명당 한대의 3D프린터가 있어야 한다. 3D프린터로 소형의 물체를 제작하는 시간도 몇 시간이 소요되기 때문이다. 설계를 하고 물건을 제작하는 데에 3D프린터의 수량은 중요하다.

미러링 기기

미러링 기기는 휴대폰이나 태블릿의 화면을 큰 화면에 복제해서 보여주는 기기이다. 전문적인 프로그램을 구입하는 방법도 있지만 USB 블루투스 수신기를 이용하는 방법이 편하다. 설치도 편하지만 이용하기에도 복잡하지 않아서 많이 사용한다.

2

전문가와 함께하기

선진지 방문하기

백 번 듣는 것보다 한 번 보는 게 낫다. 그리고 한 번이라도 그 일을 해본 사람이 있다면 그 사람에게 물어보는 것이 실수를 되풀이하지 않는 방법이다. 그래서 선진지 방문은 매우 중요하다.

먼저 선진지 장소를 선정한다. 요즘 많은 학교와 기관에서 공간혁신을 진행하고 있어서 대부분의 사업에서는 참고할 수 있는 곳들이 많다. 교육청과 사업 시행 기관에서도 좋은 사례들을 공유하고 함께 발전하게 하는데 노력을 많이 하고 있다. 각 사업의 공문이나 관련 사이트를 참고하면 다양한 구축 사례를 참고할 수 있다.

대표적으로 '학교 공간혁신'이라는 사이트가 있다. 이 사이트는 교육부에서 운영하는 사이트로 학교단위, 영역단위 등 전 부분에 걸쳐서 전국의 다양한 사례가 공유되고 있다. 매우 유용하게 활용할 수 있으니 꼭 기억해 두자. 전라남도 교육청에서도 업무DB를 활용해서 구축 가이드북이나 사례들을 공유하고 있다.

선진지를 방문할 때 많은 곳을 돌아보는 것이 중요하지만, 여건 상 방문할 수 있는 곳을 선택해야 한다. 교육청에서 도움을 받거나 온라인에서 충분히 사례를 접한 다음에 학교에서 참고할 수 있는 곳을 방문하는 것이 도움이 된다.

선진지에서 집중해서 볼 부분과 물어볼 부분을 미리 생각해보는 게 좋다.

- 사업계획서
- 물품구입목록
- 실제 이용 시 문제점과 해결방안
- 협력 업체 정보

개인정보보호와 저작권 문제로 사업계획서를 요청했을 시 수락을 할 수도 거절할 수도 있다. 사업 계획서에는 그 공간의 목적과 의도가 나와 있으므로 참고 할 수 있으면 좋다.

공간의 전체적인 배치는 바로 확인할 수 있지만 세부적인 물품은 확인하기 어렵다. 그래서 물품 구입 목록을 요청할 수 있으면 좋다. 예를 들어, 선진지를 방문했는데 단초점 렌즈의 화면이 나타나는 스크린이 좋아서 자신의 학교에도 도입하고자 했다. 눈으로 봐서는 어떤 제품이었는지 확인이 불가능하고, 돌아와서 다시 물어봐야 하는 경우도 많다. 물품 구입목록을 받을 수 없다면 그 자리에서 제품의 자세한 내용을 적어오자.

많은 경우에서 우리가 생각한 대로 공간이 활용되기 어렵다. 선진지 방문한 곳에서 이미 공간을 활용해 봤다면 좋은 배움터가 된다. 공간이 처음에 의도한 대로 잘 활용되고 있는지, 물건이 예상한 대로 잘 작동하는지 물어보고 더 나은 방안을 조사해본다.

공사를 진행하고 물건을 구입하는데 협력 업체의 도움이 필요한 경우가 많다.

전문 업체와 함께하기

예산의 범위 안에서 담당 교사는 시설비와 기자재, 물품비를 나누어 사업을 운영해야 한다. 그리고 전문 업체에 시설을 문의하고 비용을 조정해 가야 한다.

몇 년 전에 학교 사업을 해보지 않은 업체에 학교 시설공사를 맡길 뻔한 일이 있다. 그 쪽에서도 관심이 있었고 학교에서도 신선한 변화를 주기 위해 도전했다. 그런데 개인을 상대로 사업을 하던 업체는 관공서를 상대로 일을 하기에 어려움을 느꼈다. 결국 관공서를 많이 맡은 업체에게 다시 맡겼다.

교사는 수업에서는 전문가이지만 공간 구성에서 전문가는 아니다. 결국 전문가와 협의하는 과정에서 하지 못하는 부분이 생길 수 있다. 그런데 조율하는 과정에서 교육적인 부분을 고려하는 전문가를 만나도록 노력하자.

3

창의융합형 과학실 활용하기

창의융합형 과학실에서 수업하기

영역단위 공간혁신 이후 수업이 진행되는 과정은 그렇게 특별하진 않다. 그 동안에 해왔던 수업방식을 좀 더 효율적으로 하기 위한 것이다. 4학년의 2학기 과학에서 2단원 '물의 상태변화' 단원의 수업을 통해 수업을 들여다보자.

이 수업은 '물의 상태변화 현상'을 이해하고, 여러 현상 중 자신에게 흥미 있는 부분을 태블릿PC로 조사하고 정리하여 발표하는 수업이다.

이 수업을 통해 학생들은 지식의 습득과 함께 지식정보처리 역량과 창의적사고, 의사소통 역량을 함양하게 될 것이다.

일 시	2018. 11. 19.(월)	대상	4학년	수업자	이○○
학년 학기	4학년 2학기	단원	2. 물의 상태 변화	차시	11-12/12
배움 주제	물의 상태변화 현상을 이해하고, 조사한 내용을 바탕으로 자료를 제작하고 서로 공유 할 수 있다.				
중점 역량	[핵심역량] 지식정보처리, 창의적 사고, 의사소통 [교과역량] 과학적 사고력, 과학적 탐구 능력, 과학적 의사소통 능력				
배움 목표	물의 상태변화를 이해하고, 자신이 정한 주제를 탐구하기				
평가 계획	[평가 관점] 물의 상태변화 현상을 올바르게 이해하고 실생활과 연관지어 생각 　　　　　할 수 있는가? 　　　　　자료 조사 및 제작 과정에서 주도적이고 협력적으로 참여하는가? [평가 방법] 관찰평가, 동료평가, 자기평가 [피드백 방법] 발표 활동 중 질의응답				
배움 자료	◆태블릿PC, 파워포인트 자료, 서커스 AR 앱, 멘티미터				

　　수업은 '와그작사이언스'로 시작한다. '와그작사이언스'는 한국
과학창의재단에서 제공하는 과학수업 도움 사이트이다. 특히 AR
과 VR에 관한 자료가 많아서 관련된 자료를 쉽게 찾을 수 있다.
　　학생들은 각각 태블릿PC를 이용해서 '꿀꺽 물 이야기' 컨텐츠를
보면서 학습 주제에 대해 흥미를 갖게 된다. 보통 수업의 시작부분
에서는 교사가 문제 상황을 제시하는 경우가 많아서 발표영역에서

진행하는 경우가 많다. 하지만 이번 상황에서는 개인별로 문제 상황이 주어지고 있어서 학습영역에서 수행하는 것도 가능하다.

학습 단계	배움형태 중점 역량( )	배움 중심 교수 · 학습 활동	자료(■), 기능(☆), 인성(♡),유의점(■)
배움 주제 살피기	전체학습	와그작사이언스 '꿀꺽 물 이야기' 컨텐츠 활용하기 –물의 상태변화 내용 확인하기 –지구에서 일어나는 물의 순환 내용 확인하기 ■ 물의 상태변화를 이해하고, 자신이 정한 주제를 탐구하기	■ 태블릿'서커스AR' 앱 활용 ■활동을 통해 학생들이 주제에 흥미를 갖을 수 있도록 한다.

학습 활동 시간에는 팀별로 탐구 주제를 정하고 태블릿PC를 활용하여 조사하고 내용을 정리하여 공유하는 과정이다. 이때에는 학습 공간이나 조사공간에서 자유롭게 진행하도록 할 수 있다. 학생의 특성에 따라서는 수업에 방해되는 행동을 하는 경우도 있어서 수업에 대한 사전 안내가 충실히 이루어져야 한다.

다음의 정리 단계에서는 멘티미터를 통해 활동 소감을 나누었다. 멘티미터는 실시간으로 서로의 생각을 공유할 수 있는 기능이 있어서 다수의 학생들이 자신의 의견을 말하는데 도움을 준다. 자신의 의견을 멘티미터에 올리고 나서는 발표 영역에 모여서 함께 소감을 나누는 방향으로 계획했다.

학습 단계	배움형태 중점 역량( )	배움 중심 교수 · 학습 활동	자료(■), 기능(☆), 인성(♡),유의점(■)
배움 및 평가와 피드백을 통한 학습활동	개별 활동 모둠 활동 **의사소통, 창의**	**[활동1] 탐구 주제 정하기** –'물의 상태변화' 단원을 공부하면서 궁금했던 내용 알아보기 –'물의 상태변화' 현상이 실생활에서 사용되는 예 알아보기 –'물의 상태변화' 현상이 물의 순환 현상에서 어떻게 일어나는지 알아보기	♡ 배려, 존중 ■탐구 주제를 정해 보도록 한 뒤, 서로 공유해서 주제가 적절한지 확인한다.
	개별 활동 모둠 활동 **정보처리,의사소통**	〈탐구 주제 정하는 방법〉 * 자신(또는 팀)이 흥미있는 주제로 정한다. * 자신(또는 팀)이 탐구할 수 있는 수준의 주제를 정한다. * 탐구 자료가 있는지 확인한다. * 다른 사람들에게도 도움이 되는 주제인지 생각해본다.	■태블릿 ■학습자와 학습자 간의 상호작용의 효과 기대.
	전체 활동 **의사소통**	**[활동2] 탐구 내용 조사 및 자료 제작하기** –2명이 한 팀이 되어 탐구 내용을 조사한다. –자료를 만들기 전 서로 역할을 나누어 개별로 배움이 일어나도록 한다. –자신의 역할에 따라 정보를 수집한다. –각자 수집한 자료를 파워포인트 형식에 맞게 제작한다. –제작시 필요에 따라 사진을 첨부하도록 한다. –발표 연습을 하여 원활한 발표가 되도록 한다. **[활동3] 자료 공유하기** –자신이 만든 파워포인트 자료를 친구들과 공유하기 –친구들의 주제를 경청하며, 함께 학습하기 –친구들의 주제에서 잘한 점, 보충할 점 찾아보기	■교사는 모둠마다 다니면서 총체적인 관점에서 학생들이 학습 대화를 이어 나갈 수 있도록 조언함. ■친구들의 발표를 경청하고, 다른 사람이 발표할 때에는 그 사람에게 보충이나 질문을 할 수 있도록 한다.
성찰과 성장	전체 활동	[활동정리] 활동 소감 나누기 –멘티미터를 이용하여 활동 소감 나누기	■멘티미터 활용 (www.menti.com)

소프트웨어 동아리 수업 운영

특별실은 관련 동아리를 운영하기에도 유용하다. STEAM 수업에 활용하려고 만들었던 수업 안을 재구성해서 창의융합형 과학실에 적용해 보았다.

주 제 명	자율주행 자동차를 위한 계획도시 설계하기
수업 목표	■ 인간 감각기관의 자극과 반응 작용과 관련하여 자율주행 자동차의 센서를 이해할 수 있다. ■ 자율주행 자동차를 위한 계획도시를 설계하고 제작할 수 있다. ■ 자율주행 자동차의 필요성을 인식하고 자율주행 기술에 흥미를 갖는다.
적용 권장 학년	5-6 학년군
총 수업시수	4
적용 모형	일반교수학습모형

차시	소주제		주요 내용	관련 교과
1-2	자율주행 자동차 이해하기	도입	자율주행 자동차 알아보기 – 자율주행 자동차 구현 영상 시청	과학, 실과
		전개	– 자율주행 자동차와 인간의 감각기관 비교 – 자율주행 자동차의 기술 파악하기 – 자율주행 자동차 센서 중 초음파, 적외선 센서의 기능과 원리 알기 – 자율주행 자동차를 만들고 조종해보기	
		정리	– 알게 된 점과 느낀 점 공유하기.	

		도입	자율주행 자동차 사고 사례 알아보기	
3–4	자율주행 자동차를 도와줘!	전개	– 자율주행 기술로 발생하는 문제점과 이를 해결할 수 있는 방안 토의하기 –자율주행 자동차를 위한 계획도시 설계 및 제작하기	국어, 미술
		정리	– 자율주행 자동차를 위한 계획도시에서 앞으로 일어날 변화 예상하고 자신의 생각과 느낌 공유하기	

1-2차시 수업안

도입

도입에서는 자율주행 자동차와 기술에 관심을 높인다. 이때 학습 공간을 발표공간이 된다. 교사는 스크린으로 자율주행 자동차에 대한 문제 상황을 설명을 하고 학생들은 발표 공간에서 듣는다. 발표 공간은 발표자가 발표를 하기에 최적화되어 있는 공간이다. 듣는 사람에게는 이 공간에 오면 들을 준비를 하게 된다.

학습과정	교수 · 학습 활동	학습자료 및 유의점	학습공간
도입	■ 자율주행 자동차 알아보기 　■ 자율주행 자동차는 어디까지 발전했을까요. 자율주행 자동차를 만드는 세계적 기업 '테슬라'의 자율주행 영상을 살펴봅시다. 　■ 자율주행 자동차와 일반 자동차의 공통점과 차이점은 무엇인지 알아봅시다. 　■ 자율주행 자동차는 구체적으로 인간의 어떤 감감기관을 도와주는 걸까요? 그리고 인간의 자극-반응 과정과 자율주행 자동차의 자극-반응 과정을 비교하여 봅시다.	〈5 Best Self Driving Cars〉 https://youtu.be/KGctOXn-qlw?list=PL38ZY0GhyfEvrnWcyWgs6cIuVgrelGyCB 과학5-2 교과서	발표 영역

전개

학생들은 문제를 해결하기 위해 학습 공간으로 이동해서 조사하고 내용을 정리한다. 문제 상황이 학생들의 수준에 맞거나 학생들이 꾸준히 학습을 이어갈 수 있다면 자유롭게 학습하도록 하는 것이 좋다. 반면 학생들이 어려움이 크고 중간에 설명이 필요하다면 도움 발문을 제시하면서 진행해나갈 수 있다. 이때는 공간을 이동하기보다는 잠시 주의를 집중시키고 안내사항을 전달하는 정도도 충분할 것이다.

이때 조사와 정리를 위해 스마트 패드를 이용하는 경우가 많다. 스마트 패드는 휴대폰과 기능이 유사해서 학생들이 쉽게 이용할 수 있다.

본 차시에서는 아두이노와 센서를 이용하기 때문에 학생들이 자료실을 이용하지는 않지만 과학실험과 같이 자료실을 이용해야 할 때는 자유롭게 자료실을 이용할 수 있다.

학습과정	교수 · 학습 활동			학습자료 및 유의점	학습공간
전개	■ 각 장면을 보고 자율주행 기술과 인간의 감각기관을 비교해 봅시다.			탐구 학습지	학습영역, 조사영역 등 학습자가 자유롭게 선정
	장면	**기술**	**인간의 감각기관**		
	자동차가 스스로 출발하고 멈춘다.	가속/감속 기술	시각,촉각(발로 페달/브레이크 밟기)		
	자동차가 차선을 따라 스스로 방향을 조절한다.	핸들 조정 기술(조향기술)	시각,촉각(상황 파악 후 손으로 핸들 조정)		
	주변의 상황을 미리 파악함.	카메라 기술	시각(주변 상황 파악)	초음파 센서, 적외선 센서	

학습과정	교수 · 학습 활동	학습자료 및 유의점	학습공간
전개	■ RC카 아두이노를 이용하여 자율주행 자동차를 만들어 봅시다. 우선 각각의 센서가 어떤 역할을 하는지 알아봅시다. **센서 / 역할** 초음파 센서 — 초음파로 물체와 RC카 간의 거리를 파악하게 한다. 적외선 센서 — 적외선으로 색깔을 구분하여 도로를 파악하고 방향을 조절할 수 있도록 한다. ■ RC카를 스마트폰을 이용하여 조종하여 봅시다. 그리고 초음파 센서, 적외선 센서를 순차적으로 적용하여 자율주행이 가능하도록 만들어 봅시다.	아두이노, RC카	학습영역, 조사영역 등 학습자가 자유롭게 선정

정리

학생들은 발표영역에 돌아와서 자신들이 조사하고 정리한 내용을 공유한다. 그리고 보충하거나 추가할 내용은 서로 토론한다. 정리 단계에서 발표자는 대개 학생이 되는 경우가 많다. 미러링 시스템을 이용하면 패드나 노트북으로 정리한 내용을 큰 화면에 전송하여 함께 볼 수 있다.

학습과정	교수 · 학습 활동	학습자료 및 유의점	학습 공간
정리	■ 기본 조종 모드, 초음파 센서 적용, 적외선 센서 적용, 두 가지 센서를 적용한 모드를 각각 시연하여 봅시다. 각각 어떤 특징이 있는지 알아봅시다. **센서 / 특징 표** **자율주행 자동차 변화 표**	탐구학습지 탐구학습지 탐구학습지	발표 영역

■ 기본 조종 모드, 초음파 센서 적용, 적외선 센서 적용, 두 가지 센서를 적용한 모드를 각각 시연하여 봅시다. 각각 어떤 특징이 있는지 알아봅시다.

센서	특징
없음	사람이 조종하는 곳으로 차가 이동한다. 그러나 사람이 잘못 조종하면 부딪치기도 한다.
초음파센서	장애물이 나타나면 자동으로 속도를 조절한다.
적외선센서	스스로 길을 따라 이동한다.
초음파, 적외선 센서	장애물이 나타나면 자동으로 속도를 조절하고 길을 따라 스스로 이동한다.

■ 자율주행 자동차는 인간의 생활에 어떤 변화를 줄까요? 구체적인 상황을 생각하여 봅시다.

상황	특징
장애우	그동안 장애로 인해 운전에 어려움이 있었던 사람들이 자동차로 편히 이동할 수 있을 것이다.
택시/화물차	택시나 화물차에서 사람이 피곤할 때 차가 스스로 방향과 속도를 조절하여 도와줄 것이다. 그래서 사고가 많이 줄어들 것이다.
회사원	자동차를 운전할 때는 자신의 일을 할 수 없었지만 자동차가 스스로 움직일 때에는 차 안에서도 일을 할 수 있을 것이다.
기타	사고가 많이 줄어들 것이다 등

3-4차시 수업안

도입

발표영역에서 자율주행으로 인한 사고 동영상을 함께 시청한다. 자율주행이 사람들에게 편리함을 제공하면서도 사고가 발생했을 때 책임을 누가 저야 하는지 명확하지 않다. 자율 주행이 더 보편화 되기 위해서 무엇을 할 수 있을까.

학습과정	교수 · 학습 활동	학습자료 및 유의점	교사자료
도입	■ 중국에서 전기차 테슬라 세단을 몰고 가다 숨진 남성의 아버지가 테슬라의 오토파일럿 시스템에 결함이 있다고 주장하며 테슬라 회사를 상대로 소송을 제기했다. 위기에 빠진 테슬라 자동차를 구하기 위해 우리는 어떻게 해야 할까?		유튜브 동영상

전개

자율주행 자동차가 보편화되기 위해 도시를 새로 계획해보자. 자율주행 기술로 발생할 수 있는 문제점을 운전자, 직업, 정보, 법과 윤리 측면으로 구분해서 토의해 본다. 그리고 이러한 문제를 해결할 수 있는 도시를 설계해 본다. 그리고 서로 만든 결과물을 공유해본다.

학습과정	교수 · 학습 활동	학습자료 및 유의점	교사자료
전개	■ 자율주행 자동차를 위한 계획도시 만들기 〈활동1〉 자율주행 자동차의 문제점 탐구하기 – 자율주행 자동차 사고가 발생한 경우 사고와 관련된 사람들이 갖는 입장 비교하기 – 자율주행 자동차 기술이 등장하면서 생기는 문제점과 이를 해결할 수 있는 방안 토의하기 	구분	문제점
---	---
운전자	‣ 자율주행 자동차를 안전하게 가동하는 방법에 대한 지식 부족(자동차의 기술 신뢰) ‣ 자율주행 자동차가 대중화되지 않을 경우 여전히 사고 발생(기존자동차 운전자의 과실)
직업	‣ 운송과 관련된 많은 직업들이 사라질 것
정보	‣ 개인정보 유출의 위험성 ‣ 도로상황을 파악하기 위한 정보망 구축의 어려움(다양한 변수, 세계마다 도로법규가 다른 경우 등)
법과 윤리	‣ 다수의 사람을 구하기 위해 한 사람이 희생하는 상황에 빠질 경우 어떤 결정을 내릴 것인가 ‣ 기계의 오작동으로 인한 사고 발생시 책임 소재를 명확히 하기 위한 법적 장치가 마련되어 있지 않음 | 〈활동2〉 자율주행 자동차를 위한 계획도시 설계하기 – 세계의 계획도시와 자율주행 자동차 실험도시(M–City) 소개하기 – [활동1]에서 다룬 문제를 개선할 수 있는 장치나 도구 설계하기 〈활동3〉 자율주행 자동차를 위한 계획도시 만들기 – 장치나 도구 만들고 새로운 도시에 배치하기	도시를 설계하기 위한 도화지, 싸인펜	

정리

자율주행 자동차의 문제점과 해결방안을 정리해 보고 자신의 생각과 느낌을 다른 사람과 공유해본다.

학습과정	교수 · 학습 활동	학습자료 및 유의점	교사자료
정리	■ 알게된 점과 느낀 점 공유하기 –자율주행 자동차의 문제점과 해결방안 정리하기 –계획도시에서 앞으로 일어날 변화 예상하고 자신의 생각과 느낌 공유하기		

영재학급 운영

공간혁신으로 만든 창의융합실에서 영재학급을 운영했다. 새롭게 구성한 프로그램도 있고, 기존에 많은 선생님들이 해오시던 수업을 재구성한 차시도 있다.

연번	프로그램명	추진내용	장소	비고
	개강식	강사 소개 및 운영 안내	창의 융합실	
1	로봇 기계공학	홈봇의 필요성과 로봇의 작동원리 탐구		
2		온도센서를 활용한 홈봇 만들기		
3	생물 해부실험	오징어의 구조 알아보기	창의 융합실	
4		해부 실험 도구 알아보기 및 안전교육		
5		오징어 해부하기		
		각 기관의 관찰 내용 정리하기		
6	과일과 채소들의 변신	냉장고 다이어트 레시피 작성하기	창의 융합실	
7		과일껍질을 이용한 다양한 작품 알기		
		작품 디자인 및 만들기		
8	현미경으로 구강세포 관찰하기	우리 몸의 세포를 얻는 방법	창의 융합실	
9		현미경으로 세포 관찰하기		
10		관찰내용 공유하기		

11	팜유의 불편한 진실	고릴라를 돕기 위한 관찰 안경 만들기	창의 융합실	
12		팜유의 불편한 진실과 오랑우탄을 돕기 위한 방법 알기		
13	바다에서 식탁까지 소금의 여행	우리 생활에서 소금의 중요성 알기 해외 소금과 우리나라 소금 비교하기 천일염을 생산하는 염전 설계하기	창의 융합실	
14		소금의 경제적 가치를 높일 수 있는 방법 조사하기		
15	생물은 어떻게 물위에 뜰 수 있을까?	물위에 뜨는 생물 관찰하기 어류의 부레 관찰하기	창의 융합실	
16		물에 잘 뜨고 가라앉는 잠수함 구상하기 폐품활용 잠수함 만들기		
17	신소재 올림픽	다양한 운동기구에서 찾을 수 있는 신소재 알아보고 각 특징 알기	창의 융합실	
18		신소재를 이용해 생활에 도움이 되는 다양한 제품 만들기		
	되돌아보기	영재학급 한해 되돌아보기		
합계				

교육가족이 함께 만들자

사업을 담당하는 교사가 일정에 쫓기다 보면 동료 교사나 학생들과 협의를 하는 시간을 충분히 갖지 못하는 경우가 많다. 최선을 다해 공간을 만들었지만 주변 동료들은 새로운 공간에 대해 잘 모르기도 한다.

그런데 우리가 만들게 될 공간은 담당 교사 뿐 아니라 많은 교사와 학생들이 사용하게 된다. 그리고 시간이 흘러 담당 교사가 없더라도 그 공간은 여전히 학생과 교사가 사용하게 된다. 공간은 여전히 남아 학생과 교사를 맡는다. 그게 공간의 힘이다.

여러 교사와 학생이 함께 고민하고 만들어가는 과정이 중요하다. 학생회를 통해 학생들의 의견을 충분히 듣고 동료 교사와 충분히 의논하는 것이 좋다. 교육가족이 함께 만들었을 때 더 소중하고 의미 있는 공간이 된다. 교육가족이 함께 만든 그 공간은 많은 교사와 더욱 많은 학생들이 사용하게 될 것이다. 그러면서 서서히 수업은 더 발전된 모습으로 변하게 될 것이다. 그리고 마침내 학교도 변하게 될 것이다.

'코로나19'는 미래교육을 위한 교육과정 재구성과 실천을 재촉하고 있다. 더불어 미래교육을 실천하는 핵심 공간으로서 학교에 대한 관심도가 높아지고 있다. 이에 '학교 공간을 어떻게 바꿀 것인가?' 에 대한 고민을 더 이상 미룰수 없게 되었다. 이 책은 공간 혁신에 대한 학교의 상상력이 실천으로 이어지게 할 수 있는 힘을 가지고 있다.

김정희 전라남도고흥교육지원청 교육장

앞으로의 교육은 창의적인 학생을 육성해야한다고 말들을 한다. 직육면체의 정형화된 공간에서는 창의적이고 자유로운 사고가 어렵다. 특히, 학생들에게 학교는 학습의 공간이자 놀이의 공간이다. 이 책에 소개된 사례들을 참고하여 학생 중심의 사용자 맞춤형 공간혁신을 이루어가길 바란다.

강행원 목포대연초등학교 교장

학교의 공간혁신과 재구성은 단순한 시설의 변화를 의미하는 것이 아니다. 교육공동체가 민주적 의사결정과정에 참여하며 학교의 진정한 주인이 되는 학교 민주주의 실현의 중요한 과정이다. 이 책은 공간혁신과 재구성의 다양한 실천사례들을 현장감 있게 잘 소개하면서 미래교육으로 나아가야 할 방향을 제시하고 있다.

강상묵 경기도수원교육지원청 장학사